A1

AF185289

101 jeux de FLE

Gabriela Jardim
Pierre-Yves Roux

didier
Français Langue Étrangère

Édition : Julien Keurmeur
Cheffe de Studio : Christelle Daubignard
Mise en page : Camille Weyh
Illustrations intérieures : Jeanne Detallante

Maquette intérieure : Christelle Daubignard
Maquette couverture : Primo & Primo

Références des images

p12 : Graphi-Ogre/Geo-atlas, **p13-32-48-67** : pch.vector/Freepik, **p18-84** : macrovector/Freepik, **p27** : elena_eskevich/Vecteezy.com, **p47-50-95-98** : Freepik, **p55** : rosapuchalt/Freepik, **p64** : rawpixel/Freepik, p77 : vectorpouch/Freepik.

Maquette intérieure : Brgfx/Freepik, starline/Freepik, upklyak/Freepik, rawpixel.com/Freepik, pikisuperstar/Freepik.

© Didier FLE, une marque des éditions Hatier, Paris 2022
ISBN : 978-2-278-10399-7
Achevé d'imprimer en Espagne par Macrolibros (Valladolid) en août 2022
Dépôt légal : 10399/02

PAPIER À BASE DE
FIBRES CERTIFIÉES

éditions didier s'engagent pour l'environnement en réduisant l'empreinte carbone de leurs livres. Celle de cet exemplaire est de :
650 g éq. CO$_2$
Rendez-vous sur
www.editionsdidier-durable.fr

Sommaire

Salutations et présentations

Objectifs

> ➤ Saluer.
> ➤ Se présenter (nom, âge, nationalité).
> ➤ Présenter quelqu'un.

Retrouvez dans chaque ligne un mot ou une expression pour saluer, remercier, s'adresser à une personne…

Exemple

| 0 | A | G | U | P | L | S | A | L | U | T | R | I | N | E | → *SALUT* |

1	A	S	G	B	O	N	J	O	U	R	U	B	L	E
2	E	S	I	L	V	O	U	S	P	L	A	I	T	D
3	M	O	N	S	I	E	U	R	U	E	D	T	L	O
4	T	S	A	L	U	T	R	I	F	A	S	S	O	F
5	U	L	O	N	B	O	N	N	E	N	U	I	T	I
6	J	U	L	S	E	M	E	R	C	I	V	A	R	O
7	M	I	A	U	R	E	V	O	I	R	H	P	R	U
8	C	O	U	C	O	U	S	E	V	U	P	O	I	M
9	A	L	L	U	C	H	I	M	A	D	A	M	E	E
10	C	H	Y	N	S	R	B	O	N	S	O	I	R	I

Réponse

1. BONJOUR / **2.** S'IL VOUS PLAÎT / **3.** MONSIEUR / **4.** SALUT / **5.** BONNE NUIT / **6.** MERCI / **7.** AU REVOIR / **8.** COUCOU / **9.** MADAME / **10.** BONSOIR

Retrouvez les phrases.

Exemple

Elle	à	en
Italie.	habite	Rome,

Elle habite à Rome, en Italie.

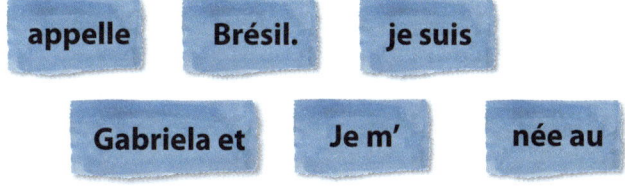

appelle	Brésil.	je suis
Gabriela et	Je m'	née au

....

....

t j'hab	Je su	aris.
nçais e	ite à P	is fra

....

....

Trouvez la sortie et écrivez la phrase.

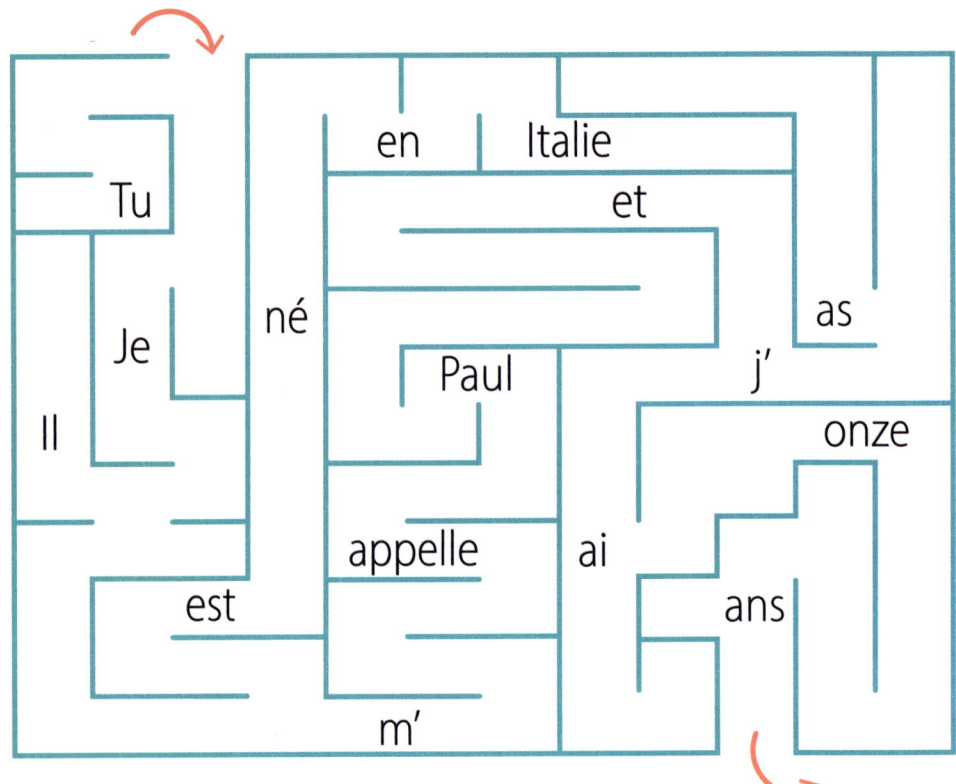

en   Italie

et

Tu

as

né

Je   j'

Il   onze

Paul

appelle   ai

ans

est

m'

....

....

....

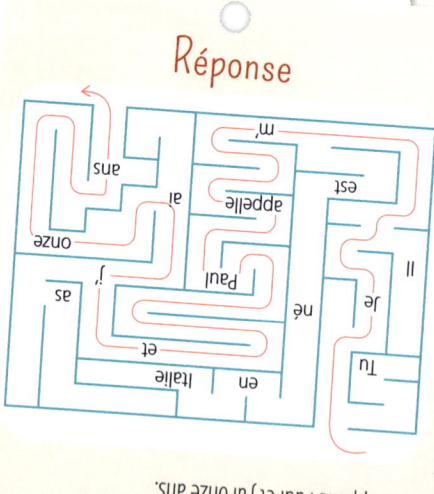

L'ordinateur est cassé

Complétez les phrases avec des voyelles (a, à, e, é, i, o, u, y).

Exemple

B_nn_ n__t. → Bonne nuit

B_nj__r, j_ m'_pp_lle P__rr_.

J_ s__s fr_nç__s.

J_ s__s n_ _ P_r_s.

J'__ d_x _ns.

S_l_t, m__ j_ m'_pp_lle M_r_.

J'h_b_t_ _ L_ndr_s.

J'__ d__z_ _ns.

J_ s__s _ngl__s_

J_ p_rl_ _n p__ fr_nç__s.

Écrivez la carte d'identité.

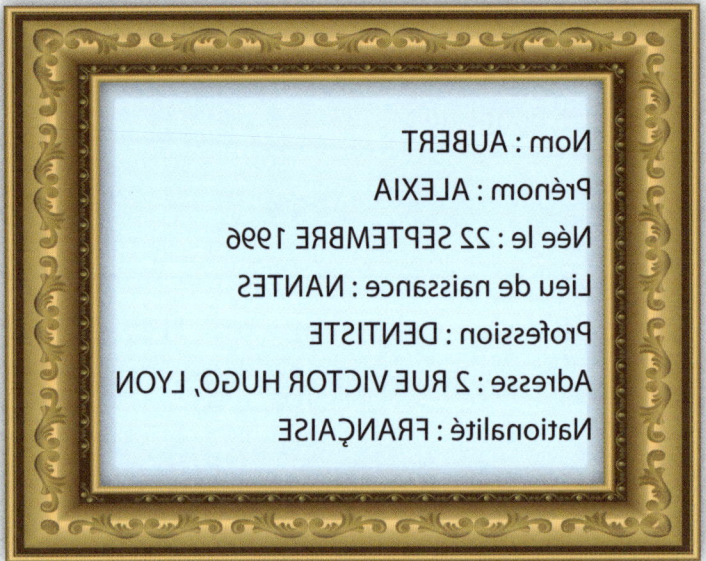

Nom : AUBERT

Prénom : ALEXIA

Née le : 22 SEPTEMBRE 1996

Lieu de naissance : NANTES

Profession : DENTISTE

Adresse : 2 RUE VICTOR HUGO, LYON

Nationalité : FRANÇAISE

CARTE D'IDENTITÉ

....

....

....

....

....

Réponse

Nationalité : FRANÇAISE
Adresse : 2 RUE VICTOR HUGO, LYON
Profession : DENTISTE
Lieu de naissance : NANTES
Née le : 22 SEPTEMBRE 1996
Prénom : ALEXIA
Nom : AUBERT

Remettez les lettres dans l'ordre pour compléter les phrases.

Exemple

Pietro est *italien* T E I N I A L

Louise est .... E S I S U S

Alejandro est .... A S L E G O P N

Takeshi est .... A J A P S I O N

Jean-Paul est .... E E L G B

Carlos est .... I A X M N C E I

João Pedro est .... L B N I R E S E I

Moussa est .... S A A G E L E N S I

Amina est .... A C R E A N I M O

Ed est .... I C A A I E M N R

Li est .... I S O C I E H N

Quelle est sa nationalité ?

Complétez la grille avec des nationalités et à partir des informations du tableau.

Exemple

N°	Capitale du pays	Drapeau du pays	Homme ou femme
0	Beyrouth	🇱🇧	♂

→ *LIBANAIS*

Réponse

1. DANOIS / 2. SUISSE / 3. JAPONAISE / 4. TURC / 5. AUSTRALIEN / 6. GRECQUE / 7. INDIEN / 8. CHINOIS / 9. VIETNAMIENNE

A. AUTRICHIEN / B. CORÉEN / C. CUBAINE / D. RUSSE / E. BELGE / F. SÉNÉGALAISE / G. ÉGYPTIEN / H. TUNISIENNE

N°	Capitale du pays	Drapeau du pays	Homme ou femme
1	Copenhague	🇩🇰	♂
2	Berne	🇨🇭	♂ ou ♀
3	Tokyo	🇯🇵	♀
4	Ankara	🇹🇷	♂
5	Canberra	🇦🇺	♂
6	Athènes	🇬🇷	♀
7	New-Dehli	🇮🇳	♂
8	Pékin	🇨🇳	♂
9	Hanoï	🇻🇳	♀

	Capitale du pays	Drapeau du pays	Homme ou femme
A	Vienne	🇦🇹	♂
B	Séoul	🇰🇷	♂
C	La Havane	🇨🇺	♀
D	Moscou	🇷🇺	♂ ou ♀
E	Bruxelles	🇧🇪	♂ ou ♀
F	Dakar	🇸🇳	♀
G	Le Caire	🇪🇬	♂
H	Tunis	🇹🇳	♀

Retrouvez 10 mots d'un passeport : horizontalement (→) ou verticalement (↓).

Y	R	V	U	N	L	O	T	Y	P	E
P	R	E	N	O	M	M	D	I	S	P
A	B	X	I	M	C	R	O	L	E	M
Y	A	P	T	L	E	E	M	N	R	S
S	L	I	V	O	T	A	I	L	L	E
W	C	R	F	I	D	E	C	X	Y	X
P	T	A	Z	E	L	U	I	B	R	E
N	A	T	I	O	N	A	L	I	T	E
F	R	I	B	U	L	T	E	Q	U	I
V	R	O	F	R	E	C	H	A	L	E
L	I	N	A	I	S	S	A	N	C	E

Réponse

DOMICILE / EXPIRATION / NAISSANCE / NATIONALITÉ / NOM / PAYS / PRÉNOM /
SEXE / TAILLE / TYPE

Qui est-ce ?

Complétez la grille avec les mots qui manquent sur la carte d'identité.

Nom ② : Sanchez
⓫ : José
Ⓐ : Espagnol
Ⓓ de ③ : 21/08/1985
④ de ③ : Madrid
Ⓒ : 1,75 m
① : 8 rue de la liberté, Paris

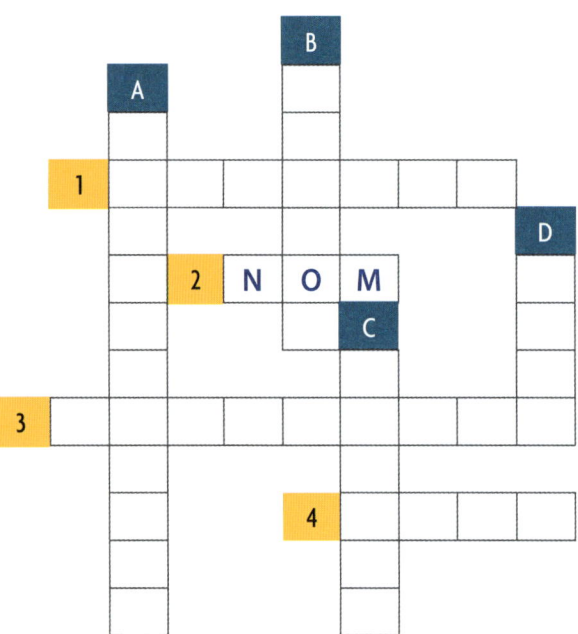

Réponse

1. Adresse / 2. Nom / 3. Naissance / 4. Lieu
A. Nationalité / B. Prénom / C. Taille / D. Date

Les nombres

Objectifs

▷ Reconnaître les nombres écrits.
▷ Faire des opérations.
▷ Reconnaître les ordinaux.

10 Où sont les nombres ?

Retrouvez les nombres écrits en lettres.

Exemple

| 3 | S | I | T | R | O | I | S | L | V | O | S |

7	A	R	S	E	P	T	Y	J	L	U	P
2	Q	U	E	F	H	L	D	E	U	X	M
11	O	N	Z	E	C	E	V	U	N	O	I
8	C	H	U	I	T	R	G	E	A	I	L
4	S	U	O	Q	U	A	T	R	E	T	E
10	B	I	O	P	E	F	R	I	D	I	X
6	L	E	S	I	X	U	F	O	R	C	A
12	M	A	R	T	D	O	U	Z	E	J	E
9	E	N	E	U	F	L	L	E	N	O	C
5	V	I	O	F	T	C	I	N	Q	U	E

Réponse

7.Sept / 2.Deux / 11.Onze / 8.Huit / 4.Quatre / 10.Dix / 6.Six / 12.Douze / 9.Neuf / 5.Cinq

16

11 Des opérations

Complétez la grille avec le résultat des opérations.

Horizontalement (cases vertes ➡)

1. neuf × deux **2.** vingt – onze **3.** dix – cinq **4.** cent ÷ cinq **5.** six ÷ six
6. cinq cents + cinq cents **7.** quatre x quatre **8.** deux × deux

Verticalement (cases bleues ⬇)

A. quinze – douze **B.** cent ÷ quatre **C.** vingt-quatre ÷ deux **D.** quatre +
trois **E.** quatre × deux **F.** dix – quatre **G.** dix + trois **H.** trois × cinq

(grille : 1. D I X - H U I T)

Réponse

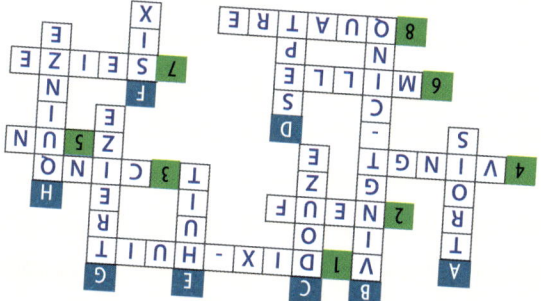

1. Dix-huit / 2. Neuf / 3. Cinq / 4. Vingt / 5. Un / 6. Mille / 7. Seize / 8.Quatre
A. Trois / B. Vingt-cinq / C. Douze / D. Sept / E. Huit / F. Six / G. Treize / H. Quinze

Encore des opérations

Complétez ces opérations avec des nombres de 1 à 16 (plusieurs réponses sont parfois possibles).

Exemple

D E U X + U N = T R O I S

1. ⬜⬜⬜⬜ + ⬜⬜⬜⬜ = ⬜⬜⬜

2. ⬜⬜⬜⬜ + ⬜⬜⬜ = ⬜⬜⬜⬜

3. ⬜⬜⬜ ✗ ⬜⬜⬜ = ⬜⬜⬜⬜

4. ⬜⬜⬜ − ⬜⬜ = ⬜⬜⬜⬜

5. ⬜⬜⬜⬜ ✗ ⬜⬜⬜⬜ = ⬜⬜⬜

6. ⬜⬜⬜⬜ ÷ ⬜⬜⬜⬜ = ⬜⬜⬜⬜

Retrouvez 14 nombres entre 0 et 20 : horizontalement (→ ←)
ou verticalement (↑ ↓).

A	F	T	R	S	E
X	T	R	O	I	S
I	D	E	U	X	E
D	C	I	N	Q	P
O	N	Z	E	L	T
U	N	E	U	F	I
Z	E	R	O	C	U
E	Z	I	E	S	H

Réponse

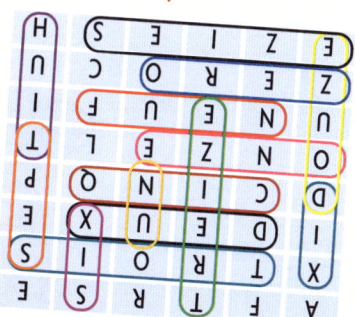

Zéro / Un / Deux / Trois / Cinq / Six / Sept / Huit / Neuf /
Dix / Onze / Douze / Treize / Seize

14 — L'arrivée du marathon

Remettez les lettres dans l'ordre et retrouvez le nom des trois premiers du marathon de Paris.

Exemple

Mike Q N E I C U I E M *Cinquième* 5ᵉ

Pablo R U Q A I E T È M ....

Bekele È X M U E I E D ....

Youssouf S I È M I E X ....

Amani M P E R R E I È ....

Kenza O R M T È I S E I ....

....

....

Les jours, les mois et les saisons

Jeux

Objectifs

▷ Reconnaître et donner la date.

▷ Identifier les jours de la semaine.

▷ Identifier les saisons et les mois de l'année.

Retrouvez les dates ci-dessous (jour et mois).

1. LUNDI 8 NOVEMBRE

2. JEUDI 4 FÉVRIER

3. SAMEDI 17 AVRIL

4. MERCREDI 29 MAI

5. MARDI 18 DÉCEMBRE

6. DIMANCHE 1er AOÛT

7. VENDREDI 11 JUIN

8. JEUDI 19 JANVIER

Écrivez dans la grille les 7 jours de la semaine.

Réponse

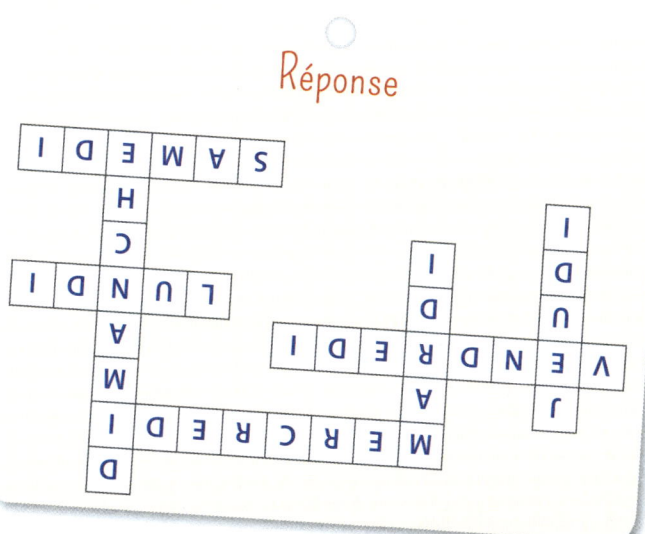

Écrivez 11 mois de l'année. Quel est le mois qui manque ?

M
A
I

Mois manquant : ....

Réponse

Il manque le mois de DÉCEMBRE.

18 On est quel mois ?

Complétez cette grille avec les 12 mois de l'année.

Horizontalement (cases rouges →)

1. Sixième mois de l'année **2.** Quatrième mois de l'année **3.** Neuvième mois de l'année **4.** Dernier mois de l'année **5.** Deuxième mois de l'année

Verticalement (cases bleues ↓)

A. Troisième mois de l'année **B.** Premier mois de l'année **C.** Cinquième mois de l'année **D.** Septième mois de l'année **E.** Huitième mois de l'année **F.** Onzième mois de l'année **G.** Dixième mois de l'année

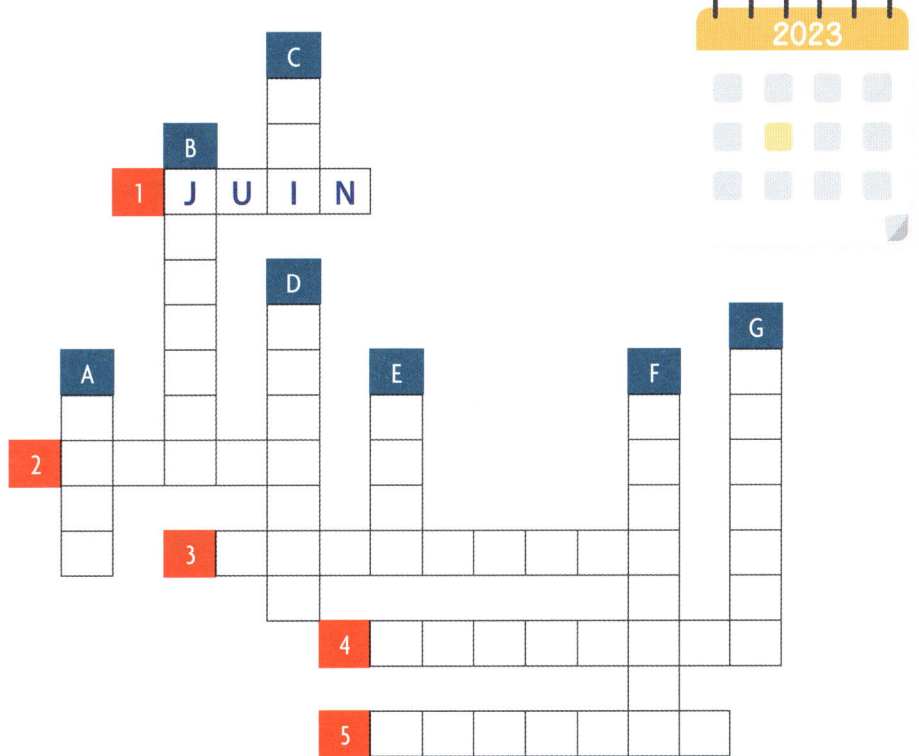

2023

Grille : 1. J U I N

Réponse

2024

1. Juin / **2.** Avril / **3.** Septembre / **4.** Décembre / **5.** Février
A. Mars / **B.** Janvier / **C.** Mai / **D.** Juillet / **E.** Août / **F.** Novembre / **G.** Octobre

19 Les dates de naissance

Retrouvez les dates de naissance.

Exemple

samedi 11 mai 1997

Sylvana : *samedi 11 mai 1997*

lundi 17 juin 2004

jeudi 30 avril 1965

Joëlle : ....

Henri : ....

dimanche 1er août 1936

vendredi 15 septembre 2000

Maud : ....

Kévin : ....

Remettez les lettres dans l'ordre pour retrouver :
1) la saison
2) un mois de la saison (en France).

1 E I H R V • E E I F R R V

2 É É T • E I U J L T L

3 A E O U M N T • E O O B C R T

4 E I M N P P R S T • I A R L V

Retrouvez dans la grille 5 jours de la semaine, 7 mois de l'année et les 4 saisons : horizontalement (→) ou verticalement (↓).

D	A	R	L	E	J	M	A	R	S
I	F	G	U	J	U	L	P	M	A
M	J	A	N	V	I	E	R	A	M
A	E	O	D	M	N	T	I	V	E
N	U	U	I	A	S	E	N	R	D
C	D	T	C	I	V	B	T	I	I
H	I	V	E	R	A	Z	E	L	E
E	T	Y	A	U	T	O	M	N	E
J	U	I	L	L	E	T	P	U	P
C	V	M	A	R	D	I	S	F	E

Réponse

1. Les jours : LUNDI / JEUDI / DIMANCHE / SAMEDI / MARDI

2. Les mois : JANVIER / JUIN / AOÛT / MARS / AVRIL / MAI / JUILLET

3. Les saisons : HIVER / PRINTEMPS / ÉTÉ / AUTOMNE

Les heures et les activités quotidiennes

Jeux

Objectifs

▷ Parler de ses habitudes.

▷ Demander et dire l'heure.

▷ Indiquer le temps.

Complétez la grille.

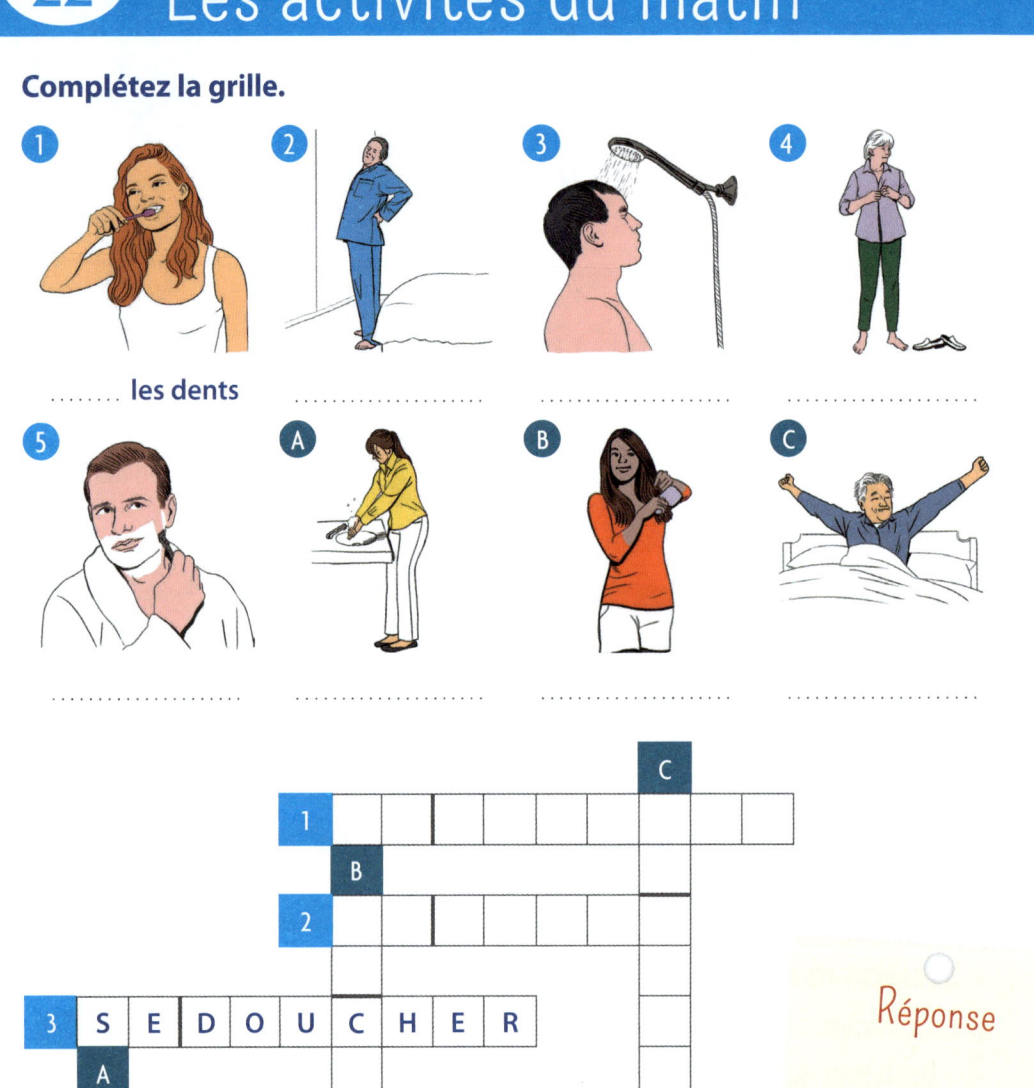

1 .... les dents

Réponse

1. SE BROSSER / 2. SE LEVER /
3. SE DOUCHER /4. S'HABILLER /
5. SE RASER / A. SE LAVER /
B. SE COIFFER / C. SE RÉVEILLER

3 S E D O U C H E R

Retrouvez les mots de la journée de Marco : horizontalement (→) ou verticalement (↓).

M	I	D	I	Y	P	G	D	F	S
E	M	U	E	S	E	L	E	V	E
G	A	D	I	N	E	T	J	A	R
I	N	M	S	O	I	R	E	B	E
H	G	M	A	T	I	N	U	I	V
E	E	R	U	P	R	E	N	D	E
U	R	E	G	A	R	D	E	X	I
R	C	L	Y	C	E	E	R	D	L
E	S	E	C	O	U	C	H	E	L
S	E	P	R	E	P	A	R	E	E

Le **matin**, Marco se réveille à 7 heures 30.

Il se lève, se prépare et prend son petit-déjeuner.

Ensuite, il va au lycée en bus.

À midi, il mange à la cantine.

Le soir, il regarde la télé, dîne avec ses parents et se couche à 9 heures.

Réponse

Le **matin**, Marco **se réveille** à 7 **heures** 30.
Il **se lève**, **se prépare** et **prend** son petit-déjeuner.
Ensuite, il **va au lycée** en bus.
À **midi**, il **mange** à la cantine.
Le **soir**, il **regarde** la télé, **dîne** avec ses parents et **se couche** à 9 heures.

Retrouvez des mots qui indiquent le temps.

Exemple

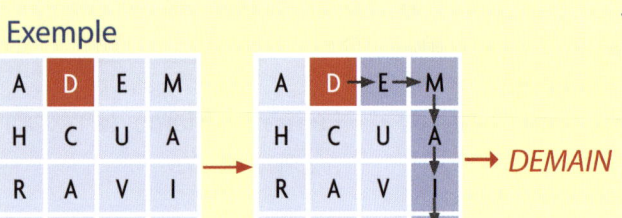

A	**D**	E	M
H	C	U	A
R	A	V	I
A	O	S	S

A	**D** →	E →	M
H	C	U	A
R	A	V	I
A	O	S	N

→ *DEMAIN*

1

I	E	R	L
H	C	A	M
R	A	O	A
A	N	I	S

....

2

E	D	T	E
M	I	U	L
A	T	I	A
A	E	N	S

....

3

A	D	U	L
R	C	R	O
N	E	I	C
A	N	O	**S**

....

4

A	I	N	T
M	I	O	E
R	T	U	N
A	T	N	A

....

5

A	T	I	L
E	C	U	U
R	A	**N**	A
A	N	I	S

....

6

A	U	U	R
H	J	O	D
R	O	U	H
A	U	I	S

....

25 Routine !

Retrouvez des activités de la journée (pour les mêmes lettres, les mêmes symboles).

Exemple

Le matin, je   M E   M E R E V E I L L E   à sept heures.

→ Le matin, je *me réveille* à sept heures.

Ensuite je   M

et je   M   les dents.

Puis je   M ,

et je   mon petit-déjeuner.

J'aime   M

et   M   M

Le soir, je   m   vers dix-neuf heures

et je   R   les informations.

Ensuite je me douche et je me brosse les dents.
Puis je m'habille et je prends mon petit-déjeuner.
J'aime me coiffer et me maquiller.
Le soir, je mange vers dix-neuf heures et je regarde
les informations

26 24 heures

Retrouvez les moments de la journée.

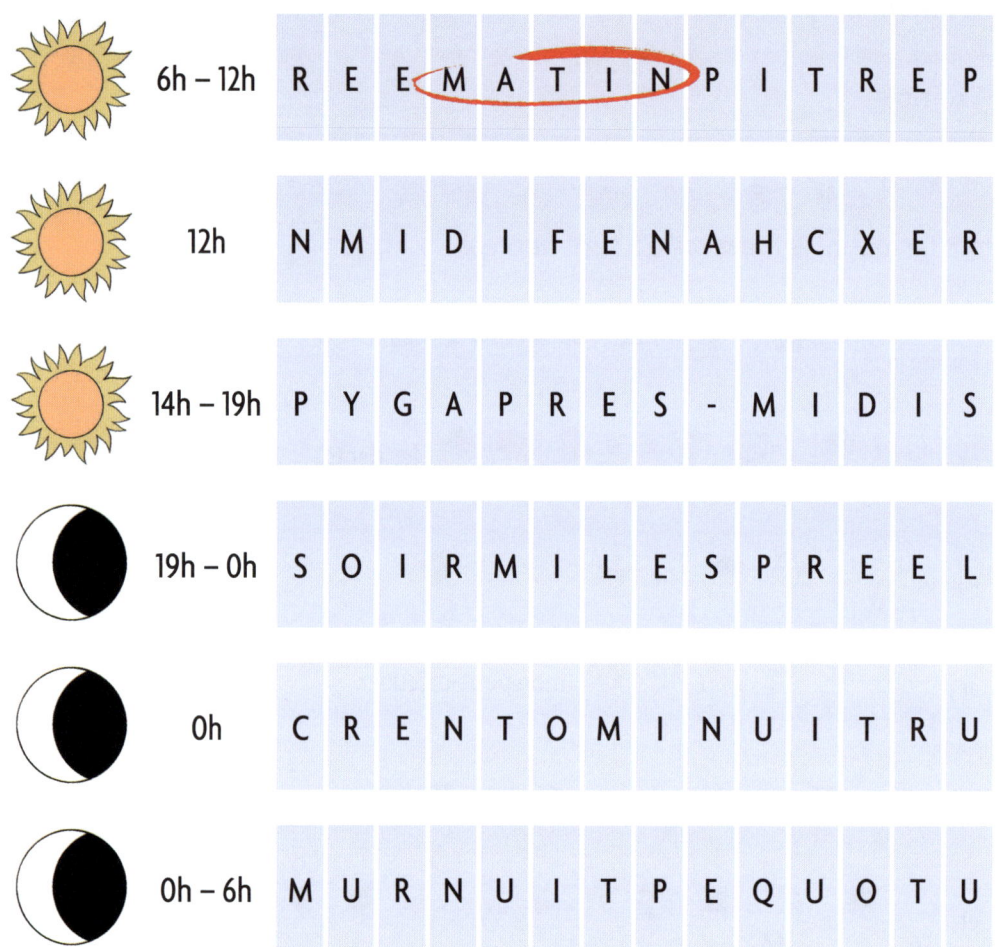

6h – 12h : R E E M A T I N P I T R E P

12h : N M I D I F E N A H C X E R

14h – 19h : P Y G A P R E S - M I D I S

19h – 0h : S O I R M I L E S P R E E L

0h : C R E N T O M I N U I T R U

0h – 6h : M U R N U I T P E Q U O T U

Réponse

34

Mettez les lettres dans l'ordre et retrouvez quelle heure il est.

Exemple

T E A Q R U   E U S R H E   X D I

→ *Quatre heures dix*

1 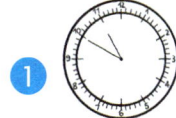 Z E O N   S U E R E H   I N M S O   X I D

....

2 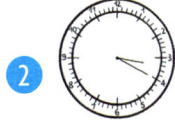 S R O T I   U S E E H R   N V G I T

....

3  I U T H   E E H U R S   I M N O S   Q I C N

....

4 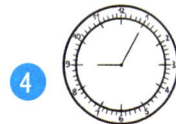 F N U E   H S E E R U   C Q N I

....

5 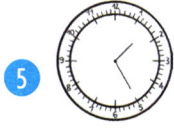 E U N   E R E U H   G T I N V - N C Q I

....

6 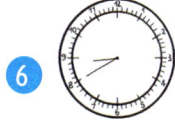 U E N F   U H E S R E   N O S I M   T I G V N

....

....

Réponse

1. Onze heures dix / 2. Trois heures vingt / 3. Huit heures moins cinq /
4. Neuf heures cinq / 5. Une heure vingt-cinq / 6. Neuf heures moins vingt

Quelle heure est-il ?

Associez les mots pour trouver les heures (on peut utiliser les mots plusieurs fois).

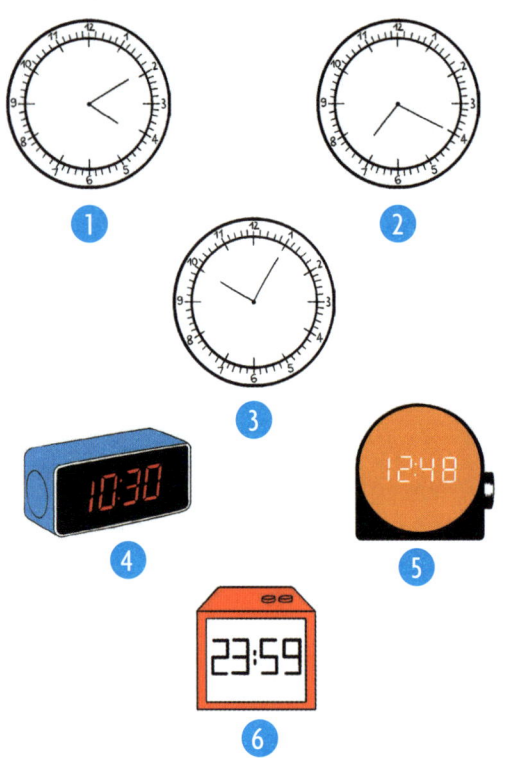

1 **2** **3**

4 **5** **6**

une

midi   quatre

heure

et   moins

dix

sept   quatre

le

vingt   cinq

heures

demie   minuit

douze

....

....

....

....

....

....

La famille

Objectifs

> Parler de la famille.
> Préciser un lien familial.
> Lire un arbre généalogique.

Remettez dans l'ordre les lettres des mots de ces phrases.

O N M   E È P R   S ' A E E L L P P   A U L P

....

T E   A M   E È M R   E I L S .

....

J ' I A   N U   E È F R R   T E

....

E U N   E U O R S .

....

J ' A E I B H T   A E C V   E M S

....

A D G N R S - A E N P R S T

....

Associez les éléments pour trouver des membres de la famille.

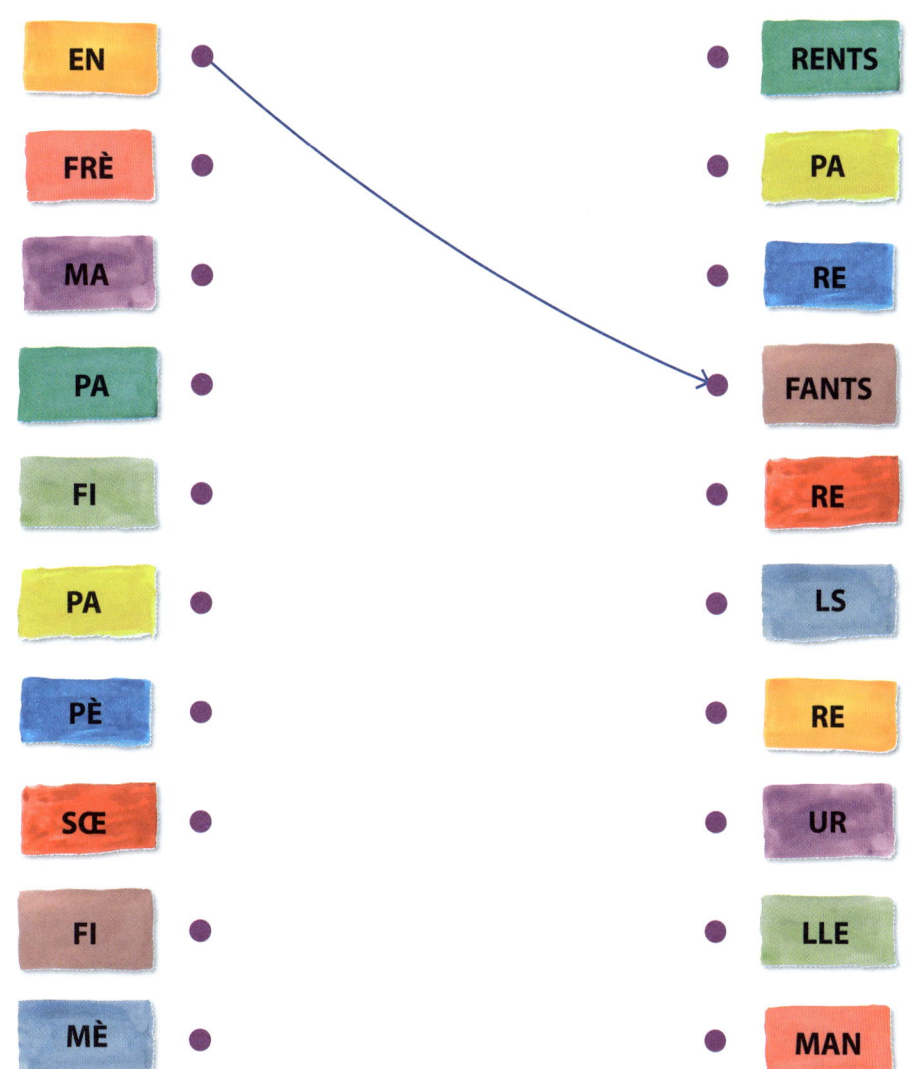

EN	RENTS
FRÈ	PA
MA	RE
PA	FANTS
FI	RE
PA	LS
PÈ	RE
SŒ	UR
FI	LLE
MÈ	MAN

Réponse

EN-FANTS / FRÈ-RE / MA-MAN / PA-PA / FI-LLE /
PA-RENTS / PÈ-RE / SŒ-UR / FI-LS / MÈ-RE

Retrouvez 8 membres de la famille : horizontalement (→ ←) ou verticalement (↑ ↓).

M	A	E	R	E	R	F	F
A	A	P	A	P	M	I	M
I	L	E	F	I	L	L	E
P	A	R	E	N	T	S	R
R	U	E	O	S	L	E	E

Avec les 9 lettres restantes, on peut écrire ....

Regardez l'arbre généalogique de Sophie et complétez la grille.

Exemple

Annie est la *SOEUR* de Sophie.

Horizontalement (→)

1. Georges est le ... de Jacques et Louise

2. Louise est la ... de Sophie

3. Jacques est le ... de Sophie

4. Georges est le ... de Sophie.

Verticalement (↓)

A. Georges et Rébecca sont les ... de Sophie

B. Rébecca est la ... de Sophie

C. Sophie est la ... de Georges et Rébecca

D. Annie est la ... de Sophie

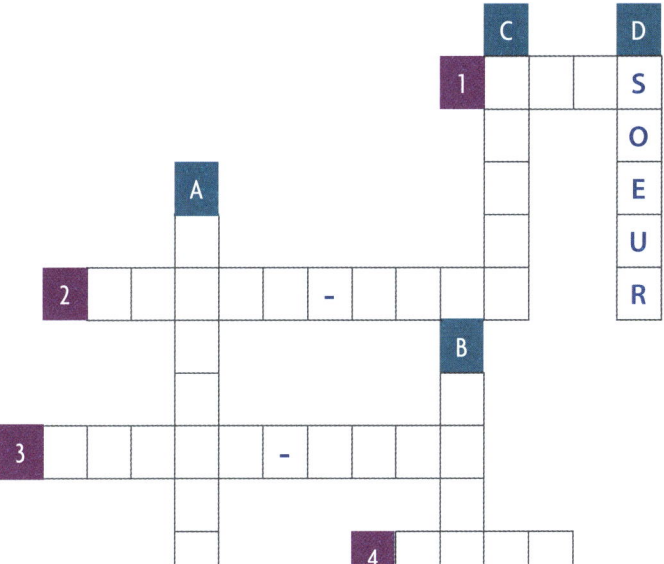

Réponse

1. FILS / 2. GRAND-MÈRE / 3. GRAND-PÈRE / 4. PÈRE
A. PARENTS / B. MÈRE / C. FILLE / D. SOEUR

Je suis la fille de …

Retrouvez 9 membres de la famille (pour les mêmes lettres, les mêmes symboles).

1 Je suis la fille de ma …

❄	⏱	☀	⏱
M	È	R	E

2 Le nouveau mari de ma mère est mon…

3 Les … de mon père et de ma belle-mère sont mes frères.

4 Le père de mon père est mon…

5 La mère de mon père est ma …

6 Mon frère est le … de mon père.

7 La nouvelle femme de mon père est ma…

8 Je suis la … de mes parents.

9 La fille de ma mère est ma…

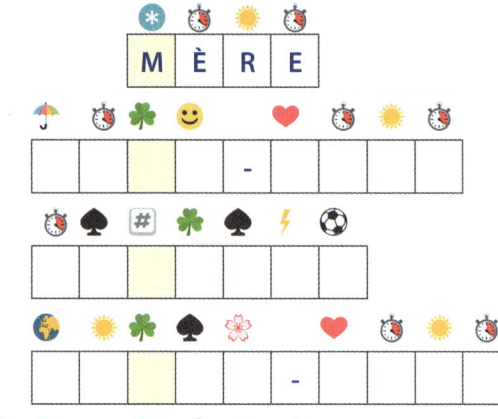

Les moyens de transport

Jeux

Objectifs

> Reconnaître les moyens de transport.
> Identifier le lexique de la gare
> et de l'aéroport.

Complétez cette grille.

5 B A T E A U

35 Des mots cassés

Remettez les lettres dans l'ordre pour trouver un moyen de transport.

Exemple

T₁ M₁ O₁ O₁ → *MOTO*

T₁ R₁
N₁ A₁
I₁

I₁ V₁
A₁ N₁
O₁

① ....

② ....

E₁ R₁
O₁ T₁
M₁

I₁ U₁
O₁ R₁
V₁ T₁ E₁

③ ....

④ ....

B₁ E₁ T₁
A₁ U₁
A₁

Réponse

⑤ ....

Retrouvez le moyen de transport caché dans chaque ligne.

Exemple

D A M V A I S O I N E

A V I O N → *AVION*

1. B R P A S M T P U E D S A D G U P Y

....

2. E M I G O H A T I Q O S G

....

3. I S V H V F E U T H L I L P O H I R

....

4. V J O J I D T Y U H R S E R

....

5. M P T A C S R T R C T D H R R E L U

....

6. O T I L S R F R E A P A S I B E M N

....

7. M R I E P U T L E R L A O S C

....

Retrouvez 4 moyens de transports.
Les lettres qui se suivent se touchent.

Exemple

A	T	R	I
E	M	A	L
R	N	I	U
M	H	Q	S

→

A	T	R	I
E	M	A	L
R	N	I	U
M	H	Q	S

S	C	O	L
A	R	O	T
R	A	R	E
A	N	I	S

1 ....

Q	P	E	D
A	U	I	G
N	B	X	O
U	T	A	C

2 ....

A	Y	I	T
C	A	B	R
E	W	M	A
L	O	V	U

3 ....

I	P	M	T
L	E	O	R
L	T	R	I
M	E	Q	U

4 ....

Réponse

1. SCOOTER / 2. TAXI / 3. TRAMWAY / 4. MÉTRO

Retrouvez 13 moyens de transport : horizontalement (→ ←) ou verticalement (↑ ↓).

E	S	U	B	O	T	U	A	E	T
V	E	L	O	T	R	O	U	B	R
P	M	E	T	R	O	M	I	A	O
Y	L	R	X	E	A	A	T	T	T
G	I	U	E	R	V	P	A	E	T
M	S	T	R	A	I	N	X	A	I
O	E	I	C	H	O	O	I	U	N
T	R	O	R	I	N	V	U	L	E
O	L	V	Y	A	W	M	A	R	T
E	L	K	E	S	L	I	E	T	T
B	I	C	Y	C	L	E	T	T	E

Réponse

À l'aéroport

Retrouvez 7 mots de l'aéroport.

Exemple

| em | bar | que | ment | → *EMBARQUEMENT* |

em · re · que · vion

tion · re · tre · tour

bar · ment · let · gis

a · en · va · ler

ré · bil · ser · al · ment

....

....

....

....

Associez les éléments pour trouver 7 mots de la gare.

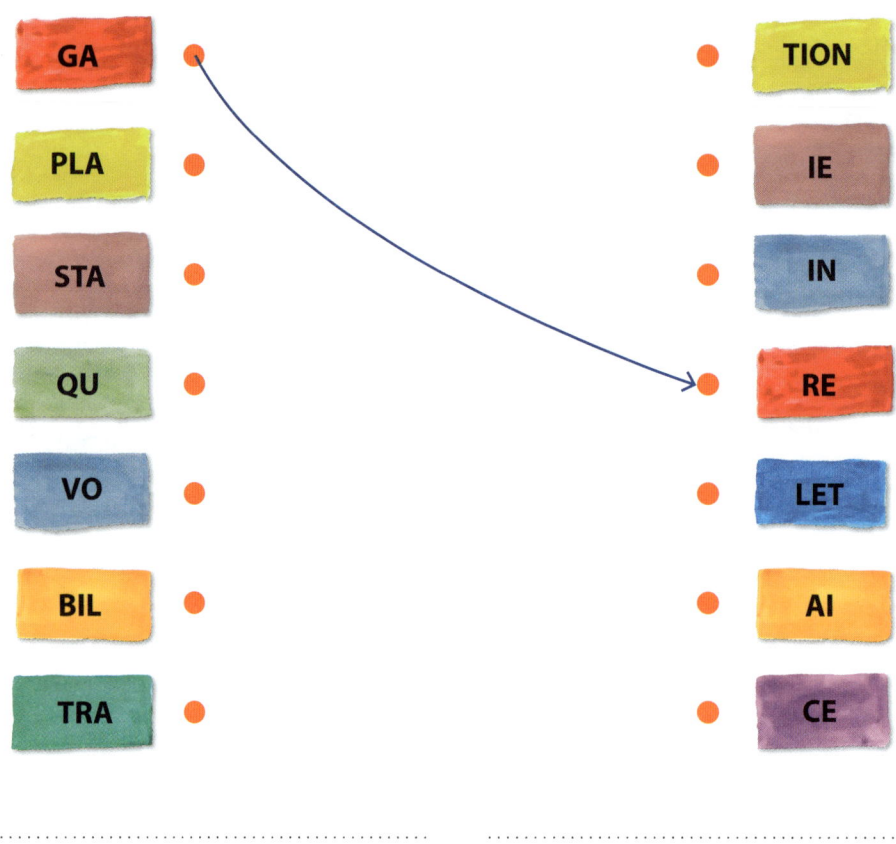

GA	TION
PLA	IE
STA	IN
QU	RE
VO	LET
BIL	AI
TRA	CE

....

....

....

....

Réponse

GA-RE / PLA-CE / STA-TION / QU-AI / VO-IE / BIL-LET / TRA-IN

Les vêtements et les couleurs

Objectifs

> Indiquer la couleur.
> Reconnaître des vêtements.
> Décrire une tenue vestimentaire.

Écrivez le nom des couleurs dans la grille (au masculin).

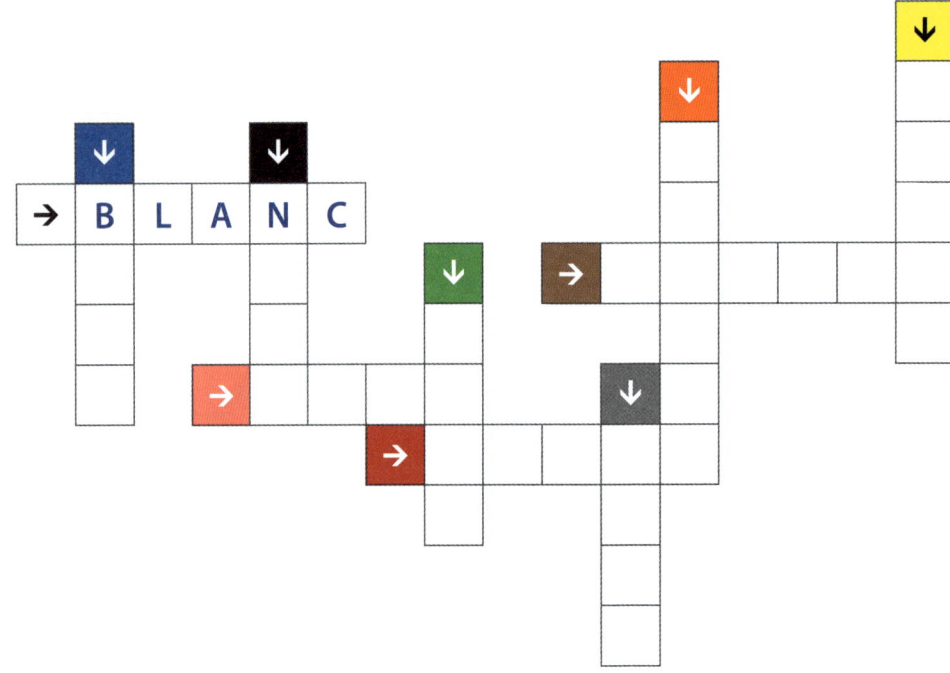

→ B L A N C

Réponse

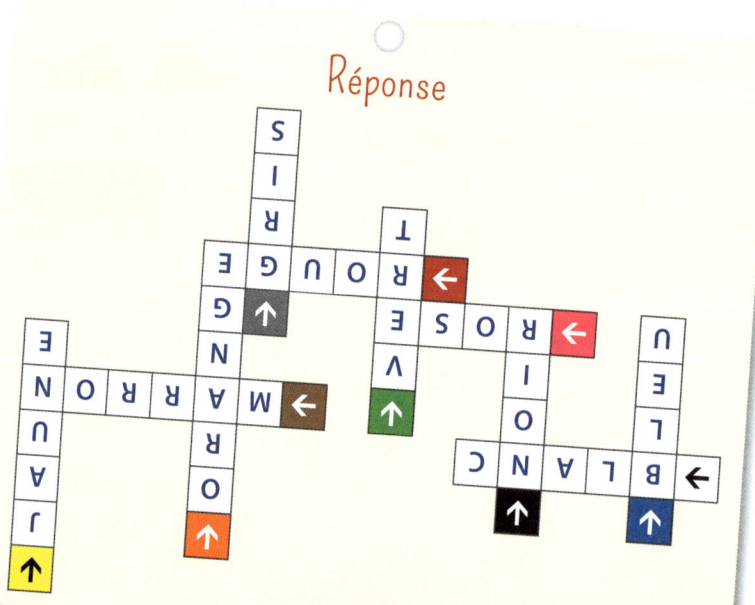

Complétez avec des noms de couleurs.

Exemple

J A U N E + B L E U = V E R T

1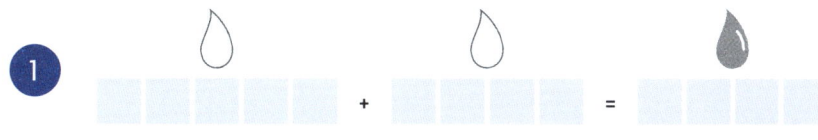

2

3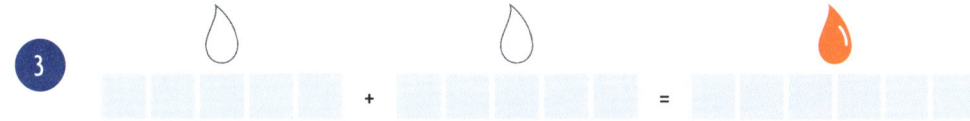

Réponse

1. BLANC + NOIR = GRIS

2. ROUGE + BLEU = VIOLET

3. ROUGE + JAUNE = ORANGE

Remettez les lettres dans l'ordre pour retrouver des noms de couleur.
Une 7ᵉ couleur va apparaître verticalement (↓)

1 E I O L T V

2 E R T V

3 A E U N J

4 A B C L N

5 E O U G R

6 E L U B

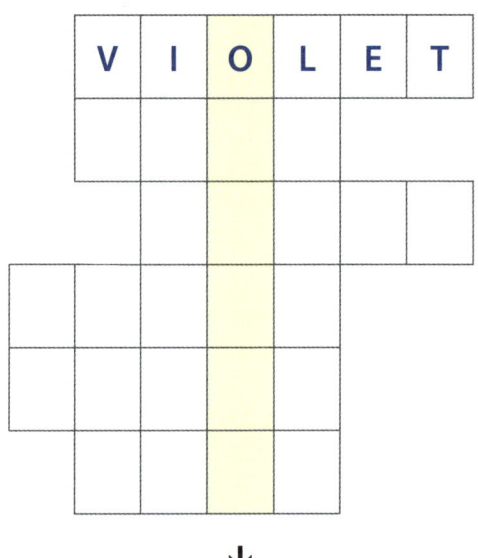

| V | I | O | L | E | T |

↓

Réponse

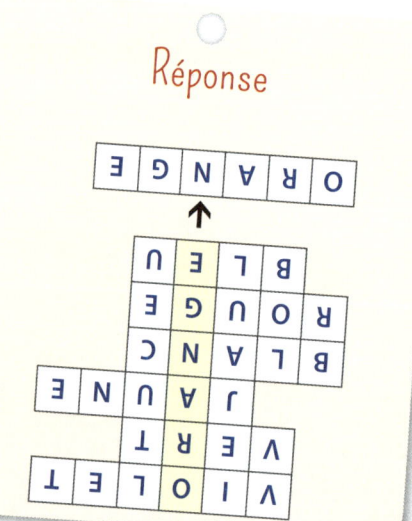

**Retrouvez 10 noms de vêtements et d'accessoires :
horizontalement (← →) ou verticalement (↑ ↓).**

A	C	E	I	N	T	U	R	E
U	R	U	A	E	P	A	H	C
P	A	N	T	A	L	O	N	E
U	V	E	S	T	E	R	J	B
L	A	F	P	O	L	S	E	O
L	T	R	O	H	S	C	A	R
O	E	P	U	J	C	E	N	T

Réponse

45 Des vêtements coupés

Associez deux étiquettes pour retrouver 10 vêtements.

Exemple

MAN TEAU *MANTEAU*

CHAUS TE LON

CRA

TEAU RO T-

CHE JU

PE COL

VES

PANTA

SHIRT

SETTES BE

LANT VATE MAN MISE

Réponse

CHAUS-SETTES / CHE-MISE / COL-LANT / CRA-VATE / JUPE /
MAN-TEAU / PANTA-LON / RO-BE/T-SHIRT / VES-TE)

Retrouvez le nom des vêtements décrits.

1 J'ai des manches longues ou courtes.

À Hawaï, je suis très colorée.

Je suis ....

2 J'ai deux jambes.

Je suis court.

Je suis un vêtement d'été.

Je suis un vêtement de sport.

Je suis ....

3 Je suis un vêtement féminin.

Je peux être longue ou courte.

Le jour du mariage, je suis souvent blanche.

Je suis ....

4 Je suis un vêtement d'hiver.

Je suis en laine.

J'ai souvent des manches longues.

Je suis ....

Réponse

1. UNE CHEMISE / 2. UN SHORT / 3. UNE ROBE / 4. UN PULL

47 Des vêtements colorés

Regardez les dessins et complétez avec le nom et la couleur des vêtements.

Exemple

Une C H E M I S E   B L A N C H E (n° 4)

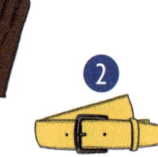 1
 2
 3
 4
 5
 6
 7

A Une ▢▢▢▢ ▢▢▢▢ (n°..........)

B Une ▢▢▢▢ ▢▢▢▢▢ (n°..........)

C Un ▢▢▢▢▢▢▢▢ ▢▢▢▢ (n°..........)

D Des ▢▢▢▢▢▢▢▢ ▢▢▢▢▢▢ (n°..........)

E Des ▢▢▢▢▢▢ ▢▢▢▢▢ (n°..........)

F Une ▢▢▢▢▢▢▢ ▢▢▢▢ (n°..........)

Réponse

A. Une jupe rose (n° 6) / B. Une veste noire (n° 7) / C. Un pantalon bleu (n° 5) / D. Des chaussettes vertes (n° 3) / E. Des gants marron (n° 1) / F. Une ceinture jaune (n° 2)

Les lieux de la ville et les magasins

Objectifs

▶ Nommer des lieux de la ville et des commerces.

▶ Faire des achats.

▶ Se repérer sur un plan.

Retrouvez le nom des commerces. Le nom d'un 10ᵉ commerce va apparaître verticalement (cases orange).

1 Pour prendre un café ou une autre boisson, je vais au ...

2 Pour acheter du pain, je vais à la ...

3 Pour acheter de la nourriture, je vais au ...

4 Pour acheter de la viande, je vais à la ...

5 Pour acheter des médicaments, je vais à la ...

6 Pour acheter des livres, je vais à la ...

7 Pour acheter du poisson, je vais à la ...

8 Pour acheter des gâteaux, je vais à la ...

9 Pour manger, je vais au ...

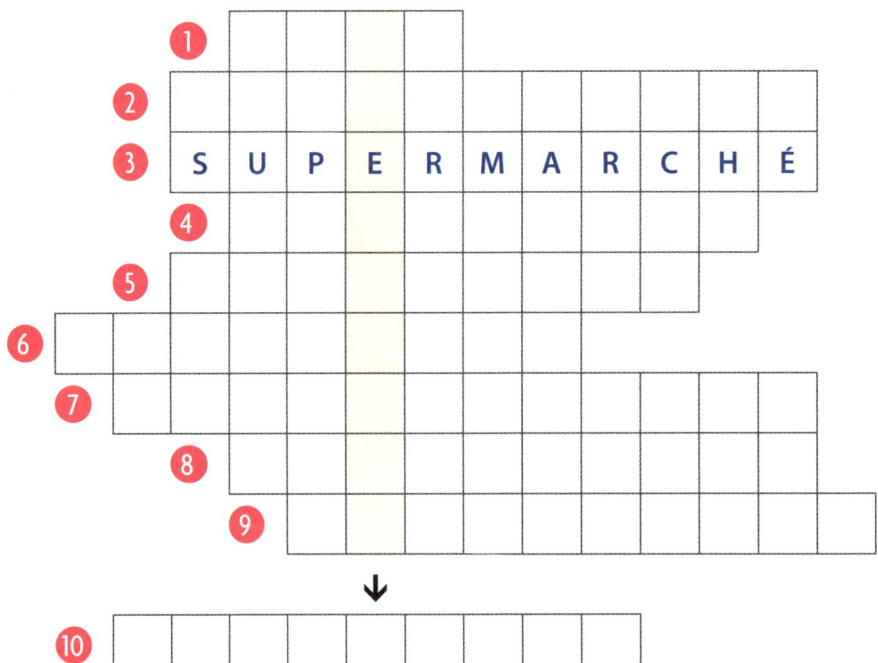

3. **S U P E R M A R C H É**

Des commerces

Complétez les mots pour retrouver 10 commerces.
Regardez les images pour vous aider.

Exemple

B **U** H **R** E → *BOUCHERIE*

B **U** A **G** R E

B **J** U **E** I

E **I** E **I**

F **O** A **E** I

L **B** A **R** E

A F **M** R E

Â I **S** R E

H R **A** I

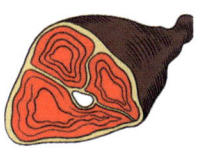

P **I** S **N** E I

Message secret

Chaque nombre correspond à une lettre (1 = A, 2 = B, 3 = C, etc.).
Trouvez le message secret et faites une croix à l'endroit où vous arrivez.

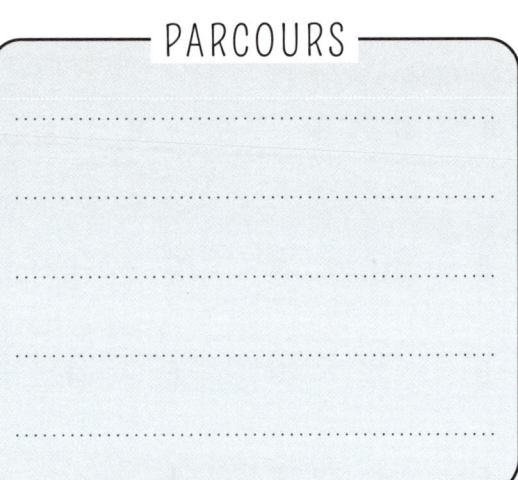

PARCOURS

10 5   19 15 18 19   4 21   10 1 18 4 9 14   5 20

10 5   20 15 21 18 14 5   1   7 1 21 3 8 5 .

10 5   20 15 21 18 14 5   5 14 3 15 18 5   1

7 1 21 3 8 5   5 20   10 5   16 18 5 14 4 19

12 1   16 18 5 13 9 5 18 5   1   4 18 15 9 20 5 .

1   7 1 21 3 8 5   9 12   25   1 ...

....

Remplacez les dessins par les mots correspondants et retrouvez des lieux de la ville.

Exemple

CI -  - MA = CI – NEZ – MA → *CINÉMA*

1  – ÂTRE ....

2  – I ....

3  – PI – TAL ....

4  – QUE ....

Réponse

**L'ordinateur est cassé ! Il n'y a plus d'espace entre les mots.
Écrivez les phrases avec les espaces, les majuscules, les apostrophes (')
et la ponctuation (.,-).**

Exemple

Ànoëljenvoieunecarteàmagrandmère.

→ *À Noël, j'envoie une carte à ma grand-mère.*

1 SURLENVELOPPEILFAUTÉCRIRELADRESSE

....

2 ENFRANCECHAQUEVILLEAUNCODEPOSTAL

....

3 SURLENVELOPPEILFAUTCOLLERUNTIMBRE

....

4 ALAPOSTEJEPEUXAUSSIENVOYERDESPAQUETS

....

5 ONMETLECOURRIERDANSLABOÎTEAUXLETTRES

....

6 LAPOSTEESTUNSERVICEPUBLIC

....

7 ENFRANCELAPOSTEESTAUSSIUNEBANQUE

....

8 LAPOSTEESTFERMÉELEDIMANCHE

....

Le logement

Jeux

Objectifs

▷ Identifier les types d'habitation.
▷ Reconnaître les parties de la maison.

Des pièces cassées

Associez deux étiquettes pour retrouver 10 pièces de la maison.

Exemple

EN + TRÉE → *ENTRÉE*

BRE

GA

TRÉE

SINE

CHAM

VE

EN

JAR

BU

NIER

LON

SA

LETTES

CA

GRE

DIN

REAU

RAGE

TOI

CUI

....

....

....

....

....

Chez moi

Remettez les lettres dans l'ordre pour retrouver la phrase.

E H Z C   I M O , L I   Y   A   N U

A O L N S , N U E   E I I U C N S ,

N U E   A E L L S   E D   A I S B N

T E   E U X D   A E B C M R S H .

....

....

....

....

....

Réponse

Chez moi, il y a un salon, une cuisine,
une salle de bains et deux chambres.

Retrouvez les deux mots qui sont mélangés.

Exemple *(deux pièces extérieures)*

J	A	G	R	D	A	R	I	A	N	G	E

→ *JARDIN* et *GARAGE*

1 (deux types de logement)

S	M	T	U	A	I	D	S	O	I	O	N

→ .... et ....

2 (encore deux types de logement)

C	A	C	B	H	A	A	L	N	E	E	T

→ .... et ....

3 (deux pièces de la maison)

C	S	H	A	A	L	M	O	B	R	N	E

→ .... et ....

4 (encore deux pièces de la maison)

C	U	B	U	I	R	E	S	I	A	U	N	E

→ .... et ....

Réponse

1. STUDIO – MAISON / 2. CABANE – CHALET / 3. CHAMBRE – SALON / 4. CUISINE – BUREAU

J'habite où ?

Retrouvez 4 types de logements (pour les mêmes lettres, les mêmes symboles).

Exemple

Logement d'une pièce principale unique  → *STUDIO*

1 Une maison de luxe

2 Une habitation à la montagne

3 Une habitation dans les arbres

4 Une habitation dans un immeuble

Réponse

1. VILLA / 2. CHALET / 3. CABANE / 4. APPARTEMENTU

Quels mots correspondent aux numéros ? Retrouvez ces mots dans la grille : horizontalement (→ ←) ou verticalement (↑ ↓).

A	S	E	G	A	R	A	G	E
E	S	C	A	L	I	E	R	S
R	H	A	U	F	S	E	E	E
D	U	V	G	I	L	M	N	G
C	E	E	R	T	N	E	I	A
B	A	L	C	O	N	U	E	T
V	O	F	E	N	E	T	R	E

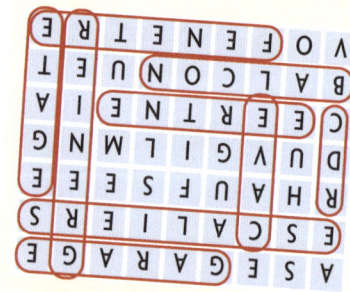

Les meubles et les objets

Objectif

 Identifier les objets de la maison.

Découpez pour retrouver les 10 mots qui correspondent aux dessins.

LIT/FRIGOORDINATEURLAMPETÉLÉCUILLÈRECHAISECANAPÉMACHINEÀLAVERARMOIRE

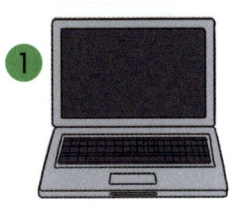

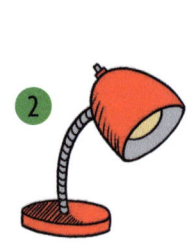

. . . .

. . . .

. . . .

. . . .

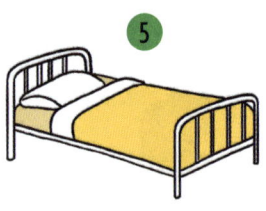

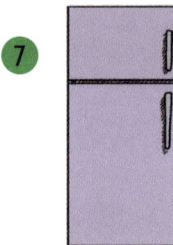

Lit

. . . .

. . . .

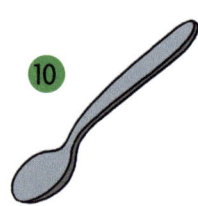

. . . .

. . . .

. . . .

Retrouvez le nom de ces objets de la maison.

DANS LA CHAMBRE

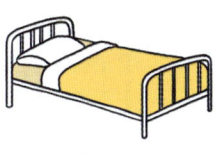

Un l . . . t

Une l . . . mp . . . .

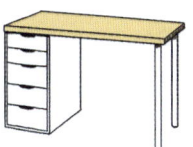

Un b . . . . r . . . .

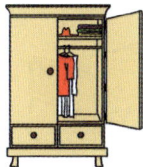

Une . . . . rm . . . . r . . . .

Des p . . . . st . . . . rs

Une p . . . . b . . . ll . . . .

DANS LA SALLE DE BAIN

Du s . a . v . o . n

Une br . . . . ss . . . .
. . . . d . . . . nts

Un p . . . . gn . . . .

Une br . . . . ss . . . .
ch . . . . v x

Du d . . . . nt . . . . fr . . . . c . . . .

Complétez cette grille.

Horizontalement (→)

 1
 2
 3
 4
 5
 6

Verticalement (↓)

 A
 B
 C
 D
 E
 F

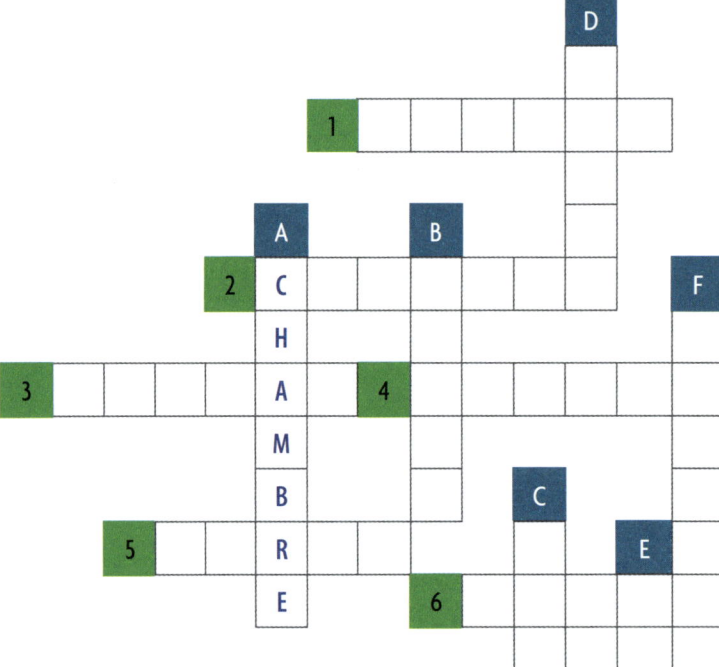

Réponse

1. Rideau / 2. Cuisine / 3. Bureau / 4. Lavabo / 5. Porte / 6. Table

A. Chambre / B. Salon / C. Tapis / D. Lampe / E. Lit / F. Douche

Cherchez la lettre commune aux noms de ces objets.

1

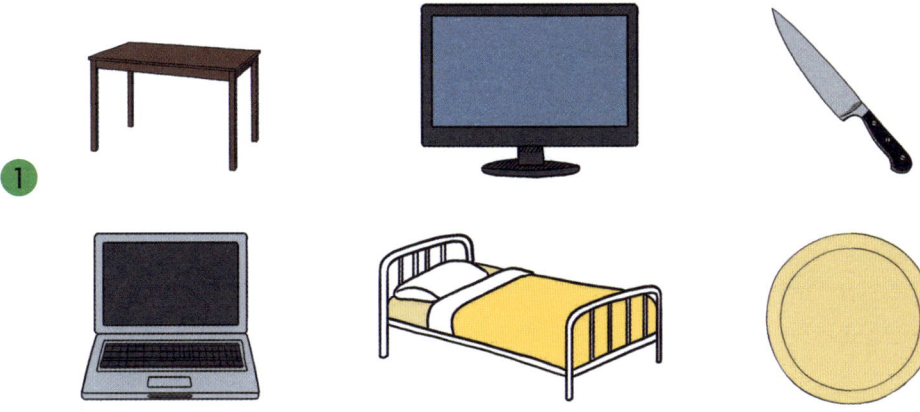

2

Retrouvez les objets dans les dessins.

Exemple

Un f…. …. …. …. → *un frigo*

- Une f…. …. …. …. …. …. …. …. ….
- Des …. h…. i…. …. ….
- La l…. …. …. è r e
- Un …. …. …. …. …. a u

- Une …. …. b…. ….
- Une …. s s…. …. t t….
- Une c…. i…. i…. i…. …. ….

Trouvez des objets de la maison qui commencent par les lettres suivantes :

- L...
- C...
- T...
- T...
- F...

- A...
- T...
- P...
- L...
- T...

Réponse

Lit / Armoire / Canapé / Tapis / Télévision / Porte / Tabouret / Lampe / Fenêtre / Table

Remplacez les dessins par le mot correspondant.

Exemple

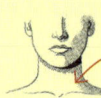 **- TEAU** → *COU + TEAU = COUTEAU*

1 - **FFAGE** ....

2 - **CHETTE** ....

3  - **VISION** ....

L'éducation

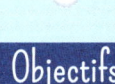

Objectifs

> Identifier les objets de l'école.
> Identifier les matières scolaires.
> Communiquer en classe.

Remettez les lettres dans l'ordre pour compléter la phrase.

Exemple

Cochez la bonne   E É O N P R S

→ Cochez la bonne *réponse*.

1 Complétez le   A A E U B L T   ....

2 Lisez le   E O U C D M N T   ....

3 Regardez la   O O H P T   ....

4 Corrigez l'   E E E I C C R X   ....

5 Répétez la   A E H P R S   ....

6 Travaillez en   E O U G P R S   ....

7 Ecoutez le   A E I O U D G L   ....

8 Ouvrez votre   E I L R V   page 34. ....

9 Répondez aux   E I O U N Q S S T   .

....

10 Copiez le   E E T T X   .

....

Réécrivez ces phrases.

Exemple

Jem'ap pel leMa rti netj esu isp rofe sse urdefr anç ais.

→ *Je m'appelle Martin et je suis professeur de français.*

1 J'a iqui nz eanse tjev ai sa uc oll ège.

....

2 Cem ati nj' aif rança ise thi sto ire.

....

3 Da nsmo ns acj epr ends me sliv resetm esc ahie rs.

....

4 J ep rend sauss imat rous seav ecde sstyl ose td es cra yons.

....

Réponse

1. J'ai quinze ans et je vais au collège.
2. Ce matin j'ai français et histoire.
3. Dans mon sac je prends mes livres et mes cahiers
4. Je prends aussi ma trousse avec des stylos et des crayons.

Retrouvez les 8 mots de l'école.

RÈGLE   FEUILLE

COMPAS   CARTABLE

PAPIER   CHIMIE

LECTURE   CALCUL

....

....

....

....

Retrouvez le nom de 7 objets de la classe.
Un 8e objet va apparaître verticalement (↓).

| 1 | T | R | O | U | S | S | E |

Complétez les phrases avec les mots des dessins.
Pour vous aider, on vous donne la 1ère lettre du mot.

A

B

C

D

E

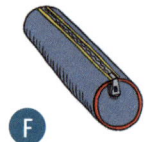
F

G

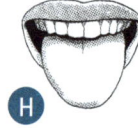
H

I

J

1 Ouvrez votre **livre** page 48.

2 J'écris sur mon c .... avec un s ....

3 Après le bac, j'irai à l'u ....

4 En cours de m................................., nous avons étudié les additions.

5 Dans ma t........................., il y a des c............................ de couleur.

6 J'adore les l...................... vivantes et j'apprends l'a...........................

et l'e ....

70 Emploi du temps

Retrouvez les 6 matières scolaires.
Une 7ᵉ matière va apparaître verticalement (↓).

Exemple

1 Les poissons vivent dans l'eau → *SCIENCES*

2 E = MC2

3 Je suis / Tu es / Il est…

4 8 x 4 = 32

5 La Révolution française

6 La capitale de l'Italie est Rome.

1 | S | C | I | E | N | C | E | S |

2

3

4

5

6

↓

Réponse

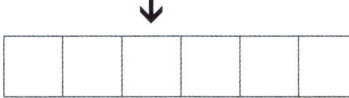

CHIMIE
↑
GEOGRAPHIE
HISTOIRE
MATHEMATIQUES
S
FRANÇAIS
PHYSIQUE
SCIENCES

Remplacez les dessins par les mots correspondants et retrouvez des objets de l'école.

Exemple

 - TRE → *FEU + TRE = FEUTRE*

1 CAR - ....

2 - **LEUR** ....

3 - ....

4 MA -  **- TIQUES** ....

Réponse

1. CAR + TABLE = CARTABLE / 2. COU + LEUR = COULEUR /
3. TABLE + EAU = TABLEAU /
4. MA + THÉ + MA + TIQUES = MATHÉMATIQUES

Les professions

Objectifs

▷ Reconnaître des métiers.

▷ Dire son métier.

▷ Reconnaître des métiers de la culture.

72 Qu'est-ce qu'ils font ?

Retrouvez les professions.

Exemple
BOUCHER → *BOUCHER*

OUVRIER

MAÇON

SERVEUR

DENTISTE

VENDEUSE

ELECTRICIEN

MÉCANICIENNE

CHAUFFEUR

FLEURISTE

COIFFEUSE

....

....

Réponse

OUVRIER / MAÇON / SERVEUR / DENTISTE / VENDEUSE / ELECTRICIEN / MÉCANICIENNE / CHAUFFEUR / FLEURISTE / COIFFEUSE

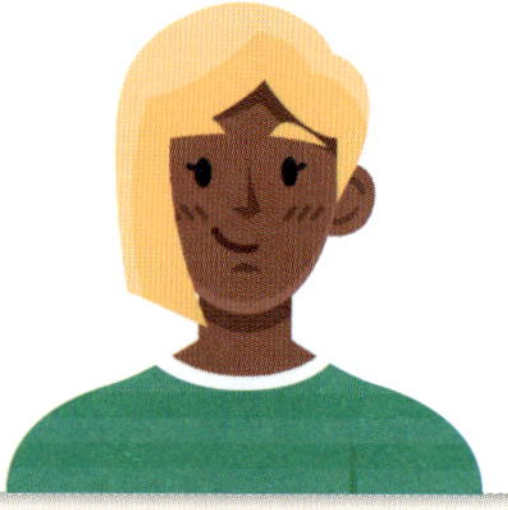

Quelle est votre profession ?

Regardez les dessins et retrouvez les 10 professions.
Trouvez le 11e mot.

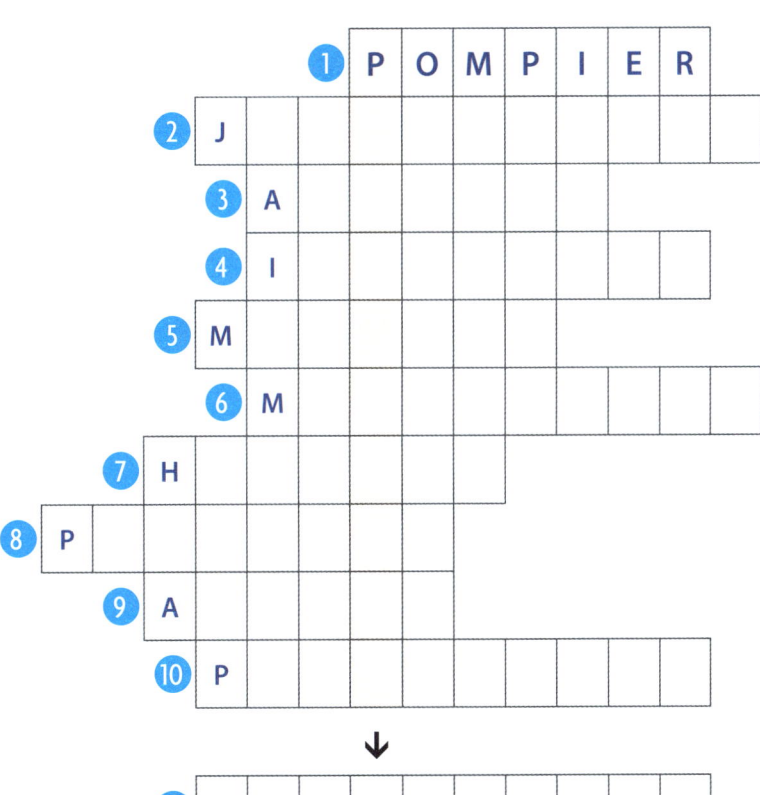

① P O M P I E R
② J
③ A
④ I
⑤ M
⑥ M
⑦ H
⑧ P
⑨ A
⑩ P

↓

⑪

Retrouvez 5 professions au masculin et 5 professions au féminin.

Chi	mer		çant
Com	gé		gienne
Em	plo		te
In	rur		nieur
Pi	rec		gère
Bou	si		yée
Di	lo		nier
Jar	lan		trice
Cui	fir		nier
In	di		mière

Féminin	Masculin
Chirurgienne	....
....	....
....	....
....	....
....	....

75 Un peu de culture

Retrouvez 4 métiers de la culture (pour les mêmes lettres, les mêmes symboles).

Exemple

Houellebecq

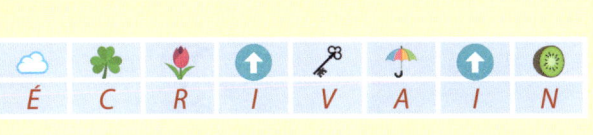

É C R I V A I N

---

1 Zaz

---

2 Yann Tiersen

---

3 Marion Cotillard

---

4 Luc Besson

Réponse

Zaz : Chanteuse / Yann Tiersen : Musicien / Marion Cotillard : Actrice / Luc Besson : Réalisateur

Dans la grille, retrouvez 4 professions et 3 mots pour chaque profession : horizontalement (→) ou verticalement (↓).

LES PROFESSIONS

....

1 Chien **1** .... **1** .... **1** ....

2 .... **2** .... **2** .... **2** ....

3 .... **3** .... **3** .... **3** ....

D	L	M	I	P	F	A	M	L	T	I	O
V	E	T	E	R	I	N	A	I	R	E	D
H	Ç	A	Y	O	L	R	L	V	A	B	C
C	O	B	G	F	M	I	A	R	U	C	A
I	N	L	P	E	U	C	D	E	L	A	F
N	B	E	L	S	Y	M	E	N	U	C	E
E	C	L	A	S	S	E	N	I	E	T	Z
M	H	K	B	E	L	U	C	H	I	E	N
A	A	L	C	U	L	T	U	R	E	U	T
J	T	S	E	R	V	E	U	R	N	R	Q

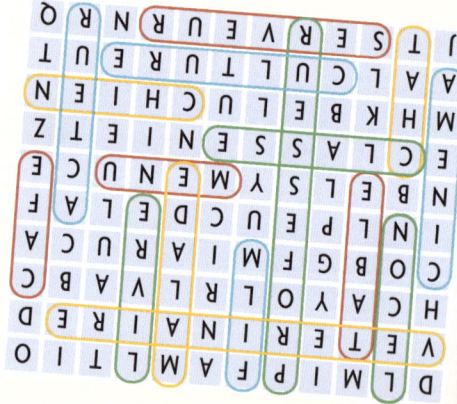

Réponse

Vétérinaire : chien, chat, malade
Professeur : leçon, livre, classe
Acteur : cinéma, film, culture
Serveur : table, menu, café

Les aliments et les boissons

Jeux

Objectifs

▷ Reconnaître une liste de courses.

▷ Identifier des aliments.

▷ Identifier des boissons.

À l'aide des dessins, complétez la liste de courses.

Liste de courses

☑ C **hocolat (n° 4)**

☐ B..

☐ E..

☐ O..

☐ P..

☐ H..

☐ S..

SUCRE
en
POUDRE

78 J'ai soif !

Retrouvez 6 boissons. Les lettres qui se suivent se touchent.
Pour vous aider : la 1ʳᵉ lettre du mot est en rouge.

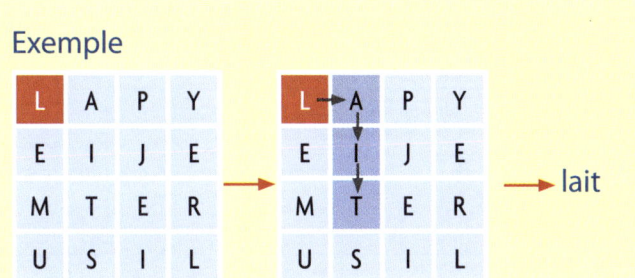

Exemple

→ lait

D	A	L	U
E	**T**	S	I
R	H	É	M
P	L	U	N

1 ....

M	É	B	J
U	F	R	G
C	A	I	Z
L	I	A	U

2 ....

E	R	O	S
L	S	I	E
A	U	**J**	B
P	Y	G	T

3 ....

F	A	T	L
E	C	A	I
L	G	T	U
P	R	**E**	A

4 ....

A	**V**	I	N
E	L	O	U
T	I	B	O
S	E	C	I

5 ....

L	S	E	U
C	A	R	Q
B	I	È	D
O	T	I	S

6 ....

○

Réponse

1. THÉ / 2. CAFÉ / 3. JUS / 4. EAU / 5. VIN / 6. BIÈRE

79 Chez l'épicier

Remettez les lettres dans l'ordre.
Un nouveau mot va apparaître verticalement.

1 E R C S U → S U C R E

2 A E O F G M R

3 E I O U C F N R T

4 E S U O F

5 E R U R B E

6 A E I F N R

7 E I O P R V

8 E I U L H

9 Â E T S P

↓

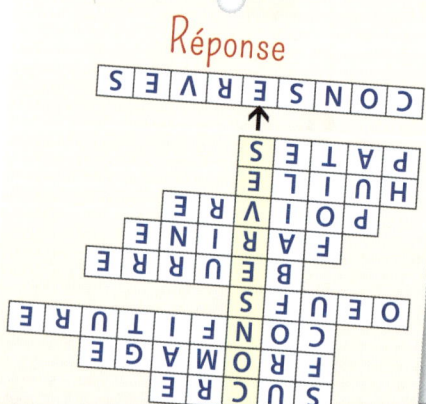

Réponse

CONSERVES
↑
PATES
HUILE
POIVRE
FARINE
BEURRE
OEUFS
CONFITURE
SUCRE
FROMAGE

80 Des fruits

Complétez la grille avec le nom des fruits.

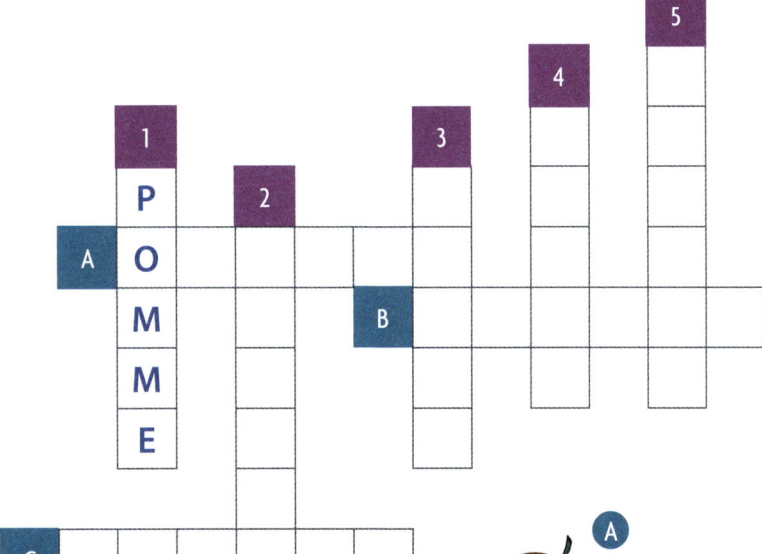

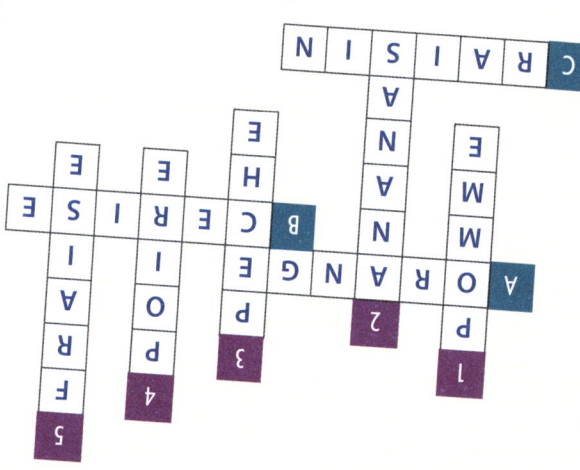

Réponse

Retrouvez le nom de ces fruits et légumes.

Exemple

ANANAS

Réponse

1. ABRICOT / 2. POMME DE TERRE / 3. FRAISE / 4. CONCOMBRE / 5. CERISE / 6. MELON

ABRICOT

POMME DE TERRE

FRAISE

1 .... 2 .... 3 ....

CONCOMBRE

CERISE

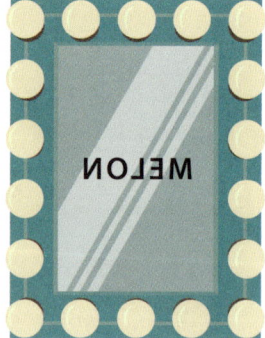

MELON

4 .... 5 .... 6 ....

Séparez les mots pour trouver les 8 fruits et légumes représentés ci-dessous

ORANGE / SALADEPOMMETOMATEPOIREBANANERADISCOURGETTE

1 ....   2 ....   3 ....

4 ....   5 ....   6 ...... **ORANGE** ....

7 ....   8 ....

Remplacez les dessins par les mots correspondants et retrouvez des fruits et des légumes.

Exemple

A -  - CO → *A + RIZ + CO = HARICOT*

1 [rat] - **DI** ....

2 [lingots d'or] - **ANGE** ....

3 [clé] - **MENTINE** ....

4 **KI - N☓N** ....

Les recettes et les ustensiles

Objectifs

> Lire un menu.
> Identifier des ustensiles.
> Lire une recette.

Le menu du restaurant n'est pas très propre. Recopiez-le proprement.

RESTAURANT DU CENTRE

Menu du jour

Entrée (au choix)

Salade de riz

Soupe de légumes

Plat (au choix)

Poisson au four

Poulet avec frites

Dessert (au choix)

Crêpe au sucre

Tarte aux pommes

Boissons (au choix)

Eau

Soda

Entrée :

....

Plat :

....

Dessert :

....

Boissons :

....

85 Message secret en cuisine

Aidez-vous du code et des dessins pour retrouver les objets de la cuisine.

Exemple

| 7 | 4 | 4 | 5 | 14 | 25 | 25 | 14 | → | *Assiette (dessin n° 5)* |

① ② ③ ④ ⑤ ⑥ ⑦

| 17 | 20 | 23 | .... |

| 3 | 7 | 4 | 4 | 14 | 12 | 20 | 23 | 14 | .... |

| 10 | 14 | 12 | 12 | 14 | .... |

| 3 | 20 | 18 | 25 | 14 | 7 | 18 | .... |

| 17 | 20 | 18 | 25 | 14 | 5 | 23 | 23 | 14 | .... |

| 9 | 20 | 18 | 12 | 3 | 21 | 14 | 25 | 25 | 14 | .... |

Le code

A:7 / B:17 / C:3 / D:24 / E:14 / F:9 / G:13 /
H:21 / I:5 / J:16 / K:11 / L:23 / M:1 / N:15 /
O:20 / P:8 / Q:19 / R:12 / S:4 / T:25 / U:18 /
V:10 / W:22 / X:6 / Y:26 / Z:2

Réponse

FOURCHETTE (dessin n°7)
COUTEAU (dessin n°6) / BOUTEILLE (dessin n°2) /
CASSEROLE (dessin n°3) / VERRE (dessin n°4) /
ASSIETTE (dessin n°5) / BOL (dessin n°1) /

Associez deux étiquettes pour retrouver les 10 verbes d'une recette de cuisine.

Exemple

COU **PEZ** *COUPEZ*

COU **SEZ** **GOÛ** **SEZ**

LA **PRÉ** **MÉLAN**

PAREZ

ÉPLU **PEZ**

CHEZ **TEZ**

CUI **VER**

SA **TEZ** **VEZ**

AJOU

GEZ **LEZ**

....

....

....

....

....

Remettez les lettres dans l'ordre et retrouvez le nom de 7 fruits.
Un 8ᵉ fruit va apparaître verticalement.

1. A A A N N S

2. A A E B N N

3. A E I F R S

4. E I O P R

5. Ê E C P H

6. E O L M N

7. É E E I C L M N N T

| A | N | A | N | A | S |

Réponse

A B R I C O T

C L É M E N T I N E

M E L O N

P Ê C H E

P O I R E

F R A I S E

B A N A N E

A N A N A S

Recette codée : crêpes bretonnes

Retrouvez les ingrédients de la crêpe bretonne (pour les mêmes lettres, les mêmes symboles).

Exemple

250 grammes de  farine

1 50 centilitres de

2 50 grammes de

3 10 centilitres d'

4 30 grammes de

5 1 pincée de

6 4

Réponse

6. 4 ŒUFS

5. une pincée de SEL /

4. 30 grammes de SUCRE /

3. 10 centilitres d' EAU /

2. 50 grammes de BEURRE /

1. 50 centilitres de LAIT /

Les animaux

Jeux

Objectifs

- ▷ Identifier des insectes.
- ▷ Identifier des animaux.

Retrouvez le nom des 6 insectes.

ABEILLE   PAPILLON

MOUCHE   MOUSTIQUE

FOURMI   CAFARD

....

....

....

....

....

Réponse

ABEILLE
MOUCHE
FOURMI
PAPILLON
CAFARD
MOUSTIQUE

Animaux croisés

Complétez la grille avec le nom des animaux et trouvez un 9e animal verticalement (↓).

1. C H I E N
2.
3.
4.
5.
6.
7.
8.

↓

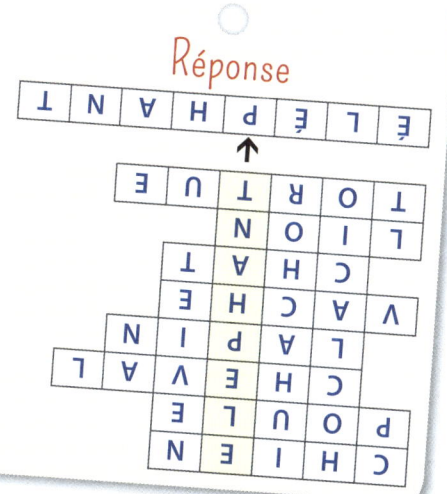

Réponse

É L É P H A N T

↑

T O R T U E
L I O N
C H A T
V A C H E
L A P I N
C H E V A L
P O U L E
C H I E N

Cherchez la lettre commune aux noms de ces animaux.

1

2

Retrouvez 6 animaux de la ferme (pour les mêmes lettres, les mêmes symboles).

Exemple

| O | I | S | E | A | U |

Oiseau

 1

 2

 3

4

5

6

Retrouvez 10 animaux sauvages :
horizontalement (→ ←) ou verticalement (↑ ↓).

E	C	A	B	U	U	L	I	O	N	I
L	R	D	J	O	U	R	S	U	B	A
E	U	N	Z	R	L	I	V	R	I	E
P	N	A	E	U	L	C	E	G	P	Y
H	I	P	P	O	P	O	T	A	M	E
A	N	C	E	G	P	O	T	S	N	E
N	E	T	B	N	M	U	A	V	E	R
T	L	A	R	A	E	F	A	R	I	G
A	E	G	R	K	I	M	E	L	O	I
D	U	L	O	U	P	T	R	B	E	T
R	H	I	N	O	C	E	R	O	S	A

Réponse

Éléphant / Panda / Kangourou / Tigre / Lion / Ours /
Hippopotame / Girafe / Loup / Rhinocéros

94 Des animaux coupés

Associez deux étiquettes pour retrouver 10 mammifères.

Exemple

PHO **QUE** *Phoque*

LEINE **CHI** **RIS** **VAL**

ÉLÉ **QUE** **VA** **BA** **CHE**

EN **LI** **ON**

CHE **SOU** **PHANT**

CH **PHO** **PIN** **AT**

LA

Réponse

BA-LEINE / CH-AT / CHE-VAL / CHI-EN / ÉLÉ-PHANT / LA-PIN / LI-ON / PHO-QUE / SOU-RIS / VA-CHE /

Remettez les lettres dans l'ordre pour retrouver ces fables de La Fontaine.

Exemple

L' E Â N et le I H E N C

→ L'ÂNE et le CHIEN

1 Le O I N L et le T R A

....

2 Le Q C O et le A E D N R R

....

3 La L O E P U aux œufs d'or

....

4 Les deux E È C V R H S

....

Réponse

1. Le lion et le rat / 2. Le coq et le renard / 3. La poule aux œufs d'or / 4. Les deux chèvres

Le corps humain

Objectifs

▷ Identifier les parties du corps humain.
▷ Nommer les parties du corps humain.

Retrouvez les parties du corps.

BRAS DOIGTS

OREILLES NEZ

JAMBES PIED

COU BO... ...E

TÊTE DENT...

GENOU VENTRE

1 Bras
2 _____
3 _____
4 _____
5 _____
6 _____
7 _____
8 _____
9 _____
10 _____
11 _____
12 _____

Associez les éléments pour retrouver 10 parties du corps.

OR	TE
BOU	BE
CHE	AS
PI	EILLE
JAM	IGT
DO	UE
TÊ	VEUX
BR	CHE
Y	ED
JO	EUX

Réponse

OR-EILLE / BOU-CHE / CHE-VEUX / PI-ED / JAM-BE / DO-IGT / TÊ-TE / BR-AS / Y-EUX / JO-UE

117

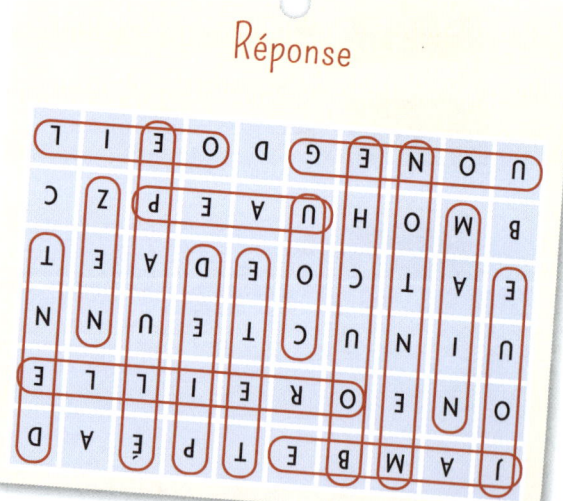

98 La tête et les jambes

Retrouvez dans cette grille 15 mots du corps humain.
Ils sont écrits horizontalement (→ ←) ou verticalement (↑ ↓).

J	A	M	B	E	T	P	É	A	D
O	N	E	O	R	E	I	L	L	E
U	I	N	U	C	T	E	U	N	N
E	A	T	C	O	E	D	A	E	T
B	M	O	H	U	A	E	P	Z	C
U	O	N	E	G	D	O	E	I	L

Réponse

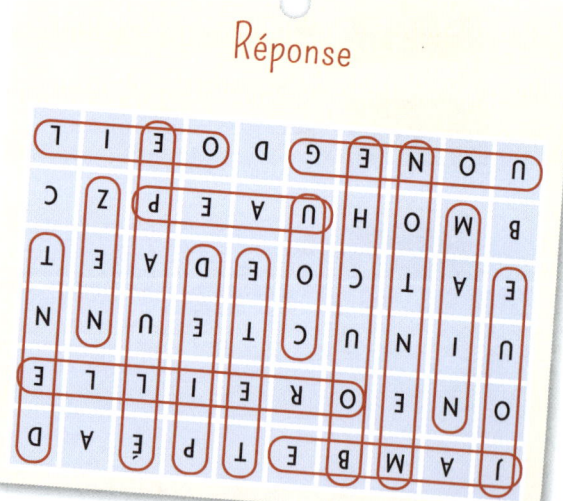

En désordre

Remettez les lettres dans l'ordre et trouvez des parties
du corps humain. Un 8ᵉ mot va apparaître verticalement (↓).

1. E U O B C H
2. E E N R T V
3. E I D P
4. I O D G T
5. A E U G L N
6. E U C L M S
7. E E U C H V X

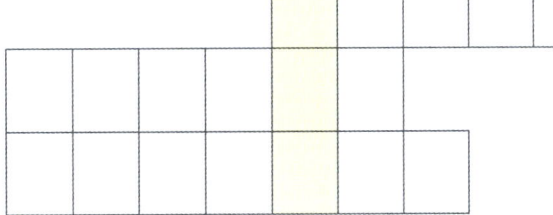

| B | O | U | C | H | E |

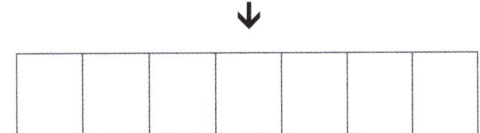

↓

Réponse

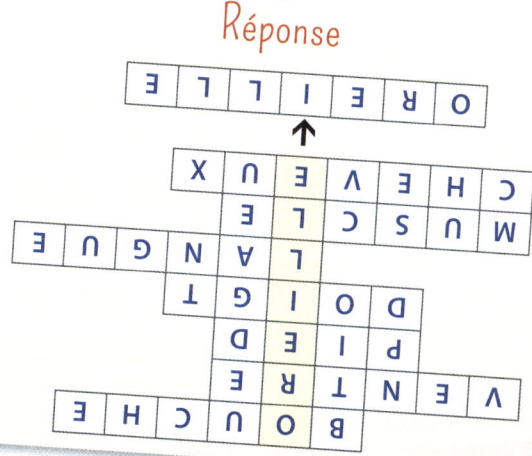

Cherchez la lettre commune à tous les mots.

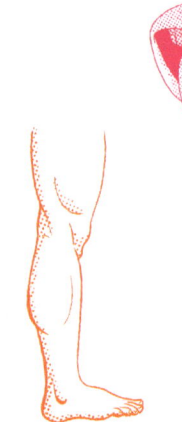
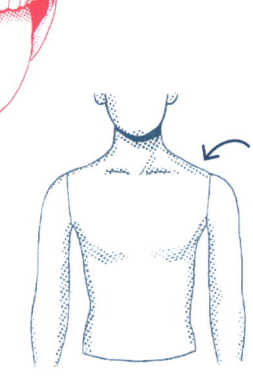
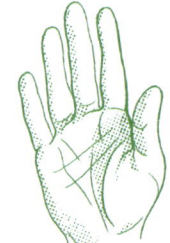

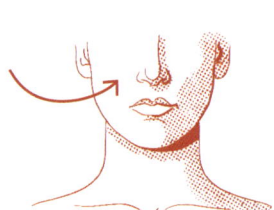
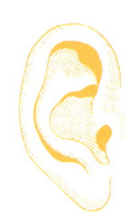
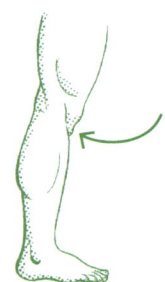

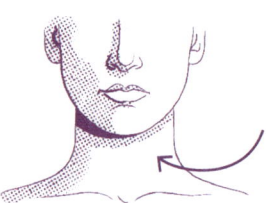

Regardez le dessin et complétez la grille.

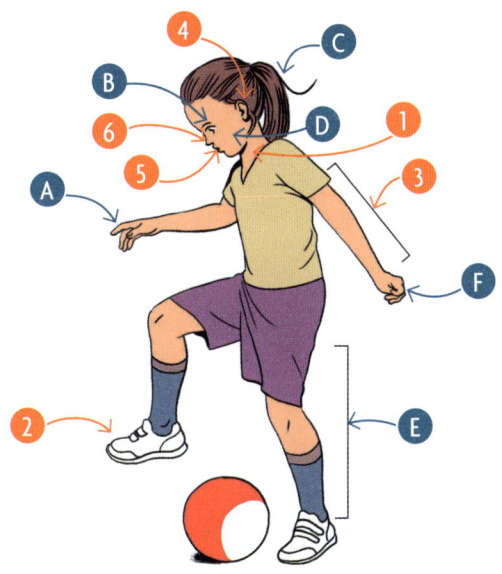

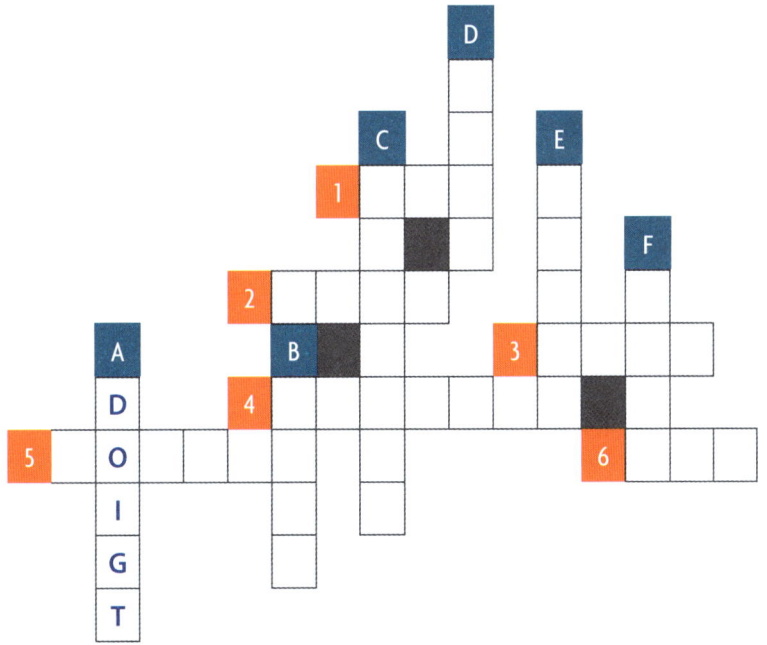

A2

101 jeux de FLE

16 thématiques

didier
Français Langue Étrangère

Ce cahier d'activités pour les apprenants débutant en français (niveau A2) propose 101 jeux pour réviser et approfondir son vocabulaire en s'amusant.

Amusez-vous avec des mots croisés, mêlés, cachés, des rébus, des devinettes, des phrases codées, etc. **et révisez le vocabulaire** de la famille, des émotions, des vêtements, des sports, du logement, des commerces, de l'éducation, des voyages, du travail…

Ce cahier comprend :
- 16 parties thématiques
- 5 à 9 jeux par partie
- la solution pour chaque jeu

Victor Hugo habite chez moi

Myriam LOUVIOT, Marjorie MONNET

« J'habite une belle maison. Chez moi, je suis le roi. Je fais ce que je veux
et tout est parfait… Hmm, non, tout n'est pas parfait. En fait, j'ai un problème :
Victor Hugo habite chez moi…
Croyez-moi, ce n'est pas facile tous les jours ! »

Victor Hugo, sa vie, sa famille, son exil…
La vie de l'écrivain racontée avec humour par son chat.

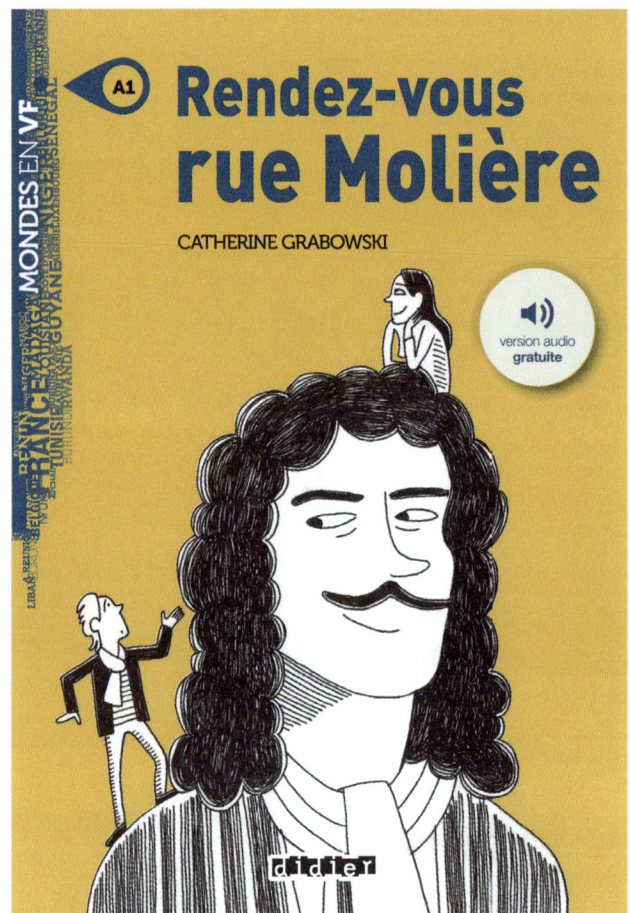

Rendez-vous rue Molière

Catherine GRABOWSKI, Jérémie DRES

« Voici une petite place à Paris. Sur la petite place se trouve la statue d'un grand homme. Le grand homme, c'est Molière. »

Horace et Élise, deux jeunes gens d'aujourd'hui, se sont rencontrés devant la statue de Molière, le grand écrivain français du XVIIᵉ siècle. Ils sont peut-être tombés amoureux et espèrent se revoir… Pendant qu'Horace fait visiter le Paris de Molière à des étudiants américains, Élise va à l'université et fait du baby-sitting. Leurs chemins se croiseront-ils à nouveau ?

Dans cette histoire amusante et actuelle, le lecteur suit les traces du grand Molière entre le Paris du XVIIᵉ siècle et celui d'aujourd'hui.

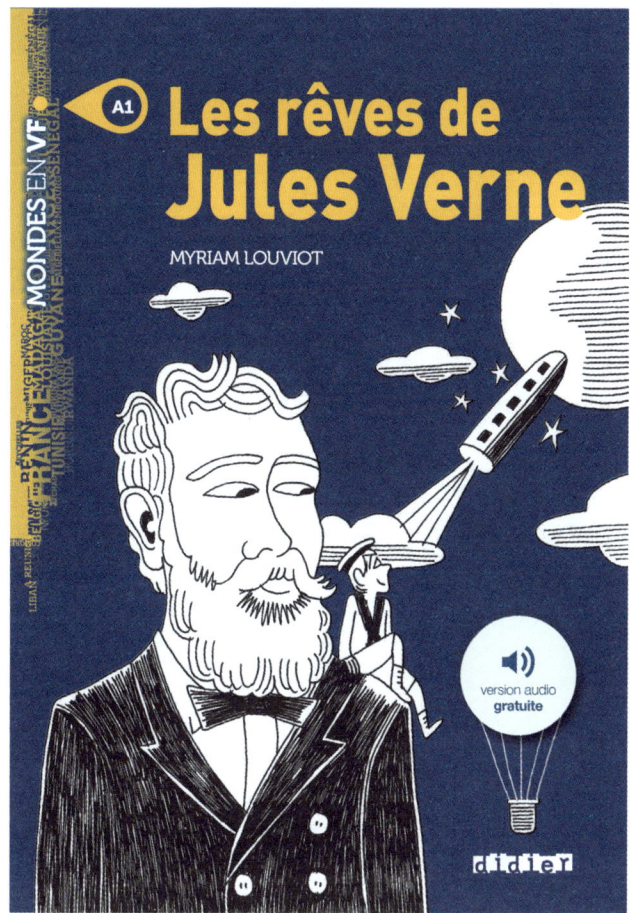

Les rêves de Jules Verne

Myriam LOUVIOT, Jérémie DRES

« 1839, Nantes. C'est la nuit. Tout le monde dort. Sauf la Lune.
Elle regarde le port et les bateaux.

La Lune aime les bateaux, mais elle aime aussi les enfants. Surtout les rêveurs.
Et cette nuit de 1839, à Nantes, elle regarde Jules dans son lit.

Jules dort. Sa fenêtre est ouverte… ouverte à toutes les aventures. »

Cette histoire invite le lecteur débutant en français à découvrir l'enfance de Jules
Verne peuplée de rêves d'aventures et de découvertes de mondes extraordinaires.

Marie Curie, ma grand-mère

Jérémie DRES

« Le nom de Marie Curie est connu dans tous les pays. C'est la première femme prix Nobel. Elle est admirée par beaucoup de femmes, c'est aujourd'hui une légende. Mais qui est cette femme derrière la légende ? Et qui est cette grande scientifique du siècle dernier ? »

Hélène Langevin-Joliot, la petite-fille de Marie Curie, s'est confiée à Jérémie Dres pour lui raconter, avec tendresse, la vie exceptionnelle de sa grand-mère.

Qui êtes-vous, monsieur Eiffel ?

Adriana KRITTER

« Ils entrent dans un très beau bureau. Le décor et les meubles sont anciens : il y a une table, une chaise, une armoire et des appareils… Les cinq étudiants trouvent le bureau très confortable. Soudain, ils entendent une petite musique : devant eux apparaît un homme âgé, il a les cheveux gris, une barbe grise et un costume noir. C'est Gustave Eiffel ! Quelle surprise ! »

Paris, la tour Eiffel, un hologramme : le lecteur débutant en français est invité dans un Escape Game à découvrir à chaque énigme la vie fascinante d'un grand homme : Gustave Eiffel.

À la rencontre de Saint-Exupéry

Marie-Noëlle COCTON, Jeanne DETALLANTE

« Il imagine Saint-Exupéry, l'explorateur. Il imagine les heures de vol au-dessus de cette immensité. Et aussi, le silence… Les aviateurs doivent voler au-dessus des forêts, au-dessus des Andes, en haut des sommets, le long des côtes du Pacifique.

Saint-Exupéry rencontre la peur. La peur des vents, du froid, de l'inconnu. »

Un jeune journaliste, Jérôme Taraud, décide d'écrire un article sur l'écrivain et l'aviateur Antoine de Saint-Exupéry. Qu'est-ce qu'il va découvrir ?